SIMONE ZANDER

MIND & BUSINESSCOACHING

TRAU DICH OFF-ROAD

STRATEGIEN FÜR EIN FURCHTLOSES LEBEN OHNE SELBSTZWEIFEL

#erweckedielöwinindir

ÜBER DIE AUTORIN

Simone Zander wurde 1985 in Ost-Afrika geboren und wuchs dort bis zu ihrem 19. Lebensjahr auf. Deutsch lesen und schreiben lernte sie mit Anfang 20.

Sie war einmal Grafikerin, studierte Psychologie und gab Yoga-Unterricht. Ihre eigene Lebensreise ist geprägt von Veränderungen und dem Mut, das Abenteuer Leben voll auszuschöpfen.

Simone inspiriert als professionelle Speakerin ihre Zuschauer und hilft als High-Level-Unternehmerin und zertifizierter systemischer Coach vor allem Frauen, ihr volles Potenzial auszuschöpfen.

2020 schrieb sie ihr Debüt-Buch „TRAU DICH OFF-ROAD".

What is holding you back from

chasing your dreams?

Simone Zander

Impressum

Bibliografische Information der Deutschen Nationalbibliothek:
Die Deutsche Nationalbibliothek verzeichnet diese Publikation
in der Deutschen Nationalbibliografie; detaillierte
bibliografische Daten sind im Internet über http://dnb.dnb.de
abrufbar.

Buch-Coaching & Überarbeitung: carola-elisabeth.de

Logo & Design: 2021 by BRANDATELIER

Herstellung und Verlag: BoD – Books on Demand, Norderstedt

ISBN: 9783752625370

Für meine Eltern

Danke für meine unvergessliche Kindheit,

bedingungslose Liebe und Mut.

Für Dich

Damit dein Leben ein Abenteuer wird!

„Ich bin, weil wir sind"

So in etwa nimmt sich in Afrika der Einzelne wahr.
Sagt man.
Das Leben dreht sich um alle, auch auf Kosten des
Einzelnen. Ist das okay?
Wie ist es bei uns, hier in Europa?
Sind wir, weil ich bin?
Lebe ich auf Kosten der Anderen?
Dreht sich alles um mich?
Ist das okay?
Wo ist die Balance und wie finde ich sie?
Wir brauchen die Anderen und sie brauchen uns.

Mir war es immer wichtig, dass das Potenzial in
einem Menschen zur Entfaltung kommen kann.
Zu seiner und zu meiner Freude.

Dieses Buch zeigt, dass es meine Tochter schaffte,
ihr eigenes Potenzial zu entdecken und jetzt Anderen
dabei hilft, das ihre zu entfalten. Das macht mich
glücklich.

Ein Erfolg krönt unsere Leistung, eine Niederlage nicht.

Wir sind aber mehr als die Summe aller Erfolge, auch das ist wichtig zu lernen.

Ich bin. Das habe ich erkannt.
Jedem, der dieses Buch liest, wünsche ich diese Erfahrung.

Du bist. Und du bist wertvoll.

Kurt Zander
(Mein Papa)

Die kleine Simone in Afrika

VORWORT
MEINE SAFARI

Abenteuer Afrika

Ich habe schon als Kind die großen Abenteuergeschichten geliebt. Nicht lange zu überlegen, wohin
der Weg mich führt. Mich reinzustürzen in jede
Situation. Keinen Plan zu haben, nur meiner Neugier
zu folgen und zu vertrauen, dass es immer etwas
Neues – etwas Gutes – zu entdecken gibt. Ich habe
es im Laufe meines Lebens zwischendurch nur fast
vergessen…

Als Kinder nannten meine Brüder und ich das
„Explodieren" – eine direkte und inkorrekte
Übersetzung aus dem Englischen *„to explore"*. Kein
Baum war zu hoch, keine Pfütze zu schlammig, kein
Abhang zu steil.

Das größte Geschenk meines bisherigen Lebens waren die Abenteuer meiner Kindheit in Afrika. Ein Taschentuch, das 2012 alles veränderte, inklusive. Es hat meine Vision, **dich** raus aus dem Feststecken, rein in die Bewegung zu begleiten, geprägt.

Mein Vater fuhr Ende der 70er mit dem LKW in den Osten Afrikas. Er traf und liebte dort die Schweizerin, deren Tochter ich schließlich wurde und wirkt noch heute in den abgelegensten, ärmsten Regionen der Welt. Ich bin irgendwo zwischen der Weite der Rift Valley in Kenia (meinem Geburtsort Mitte der 80er), dem Urwald im Zaire und dem tiefen Grün Ugandas aufgewachsen. Wie jede gute Afrika-Story beginnt und endet meine eigene Geschichte mit klapprigen Autos auf verrückten Straßen und dem Mut des Fahrers. In meinem Fall: dem Mut meines Vaters.

Mit sieben Jahren wurde ich ins Internat eingeschult. Das war damals die einzige Einrichtung, die mit rund 100 Kilometern Entfernung zu Zaire, der

Arbeitsregion meiner Eltern, überhaupt erreichbar war.

100 Kilometer.

Die schaffst du mit dem Auto in Deutschland in unter einer Stunde.

In Zaire jedoch gibt es bis heute keine befestigten Straßen. „Straßen" sind dort nur freigeräumte Schneisen, die quer durch den Dschungel oder die Steppe führen. Jede Fahrt ist also ein echtes Off-Road-Erlebnis.

Eine typische „Straße" in Zaire

Deshalb jedenfalls hat mein Schulweg immer rund elf ermüdende, abenteuerliche Stunden Autofahrt gebraucht – es sei denn, wir sind geflogen!

Wir acht Kids wurden nach Körpergewicht in den mit vier Sitzen ausgestatteten Cessna-Flieger eingeladen.

Sicherheitshalber wurden wir am Hosenbund an die Gepäckhalter gehängt.

Logisch.

Nur 30 Minuten brauchte das Mini-Flugzeug zur Schule. Für mich war's trotzdem die Hölle, denn ich litt (und leide bis heute) unter Flugübelkeit. Spuckte das erste Kind los, legte ich nach.

Umso größer war meine Freude, wenn wir doch das Auto – oder besser noch – den LKW nahmen. Hinten auf der Pritsche zwischen Bohnensäcken und Holzkohle wurde mir nicht nur nicht schlecht. Die Autofahrt hatte für mich den Vorteil, dass wir nicht immer da ankamen, wo wir hinwollten.

Wie viele Kinder wollte ich nicht **unbedingt** in die Schule.

Wir wiederholten solche Fahrten ins Internet auch nicht so schnell wieder, weil sie sich – je nach Wetterlage – auch mal über Tage erstrecken konnten.

Meine Stoßgebete feuerten deshalb immer **einen** Wunsch Richtung Wettergott: Schick mir **Regen!**

Wenn es im Dschungel regnet, werden die Straßen schlammig, rutschig, fast unbefahrbar.

Die Wahrscheinlichkeit, stecken zu bleiben, ist groß.

Wir Kinder saßen immer hinten im G-Benz und haben belustigt und erwartungsvoll im Chor geträllert: „Stecken bleiben, stecken bleiben…!"

Wenn es nur ein bisschen regnete, verflüssigte sich die oberste Schicht der staubigen Straße und bekam die Konsistenz von Nussnougatcreme. Das Auto rutschte hin und her.

Wie ich das geliebt habe!

Erst als Erwachsene sind mir glatte Straßen wieder begegnet: Als ich im deutschen Winter meinen

Führerschein machte. Seither weiß ich auch, wie schwierig es sein kann, ein Auto über eine solche Oberfläche zu steuern.

Hatten wir damals Glück, regnete es in Strömen. Wenn der Regen wie Wasserfälle vom Himmel rauschte, wurden die Straßen zu unüberwindbaren Schlammlöchern. Dann fuhren wir uns fest. Und zwar richtig. Vor allem mit dem LKW, der voll beladen war, passierte das häufiger.

Weil mein Vater immer einen Plan davon hatte, wie wir wieder aus dem Schlamassel herauskamen, saßen wir nie auf ewig in der Falle.

Es ging immer irgendwann weiter – frohen Mutes und mit dem Gefühl von **Abenteuer und Vertrauen** in der Blutbahn, das mein Vater ganz offensichtlich an mich weitervererbt hat.

Mit diesem Buch möchte ich dir etwas davon schenken.

Ich wünsche mir, dass du es mit dem offenen Herzen eines Kindes auf Safari liest.

Simone auf dem Weg zur Schule im Cessna-Flieger

Das Taschentuch
das alles veränderte

Als Erwachsene sitze ich jetzt selbst am Steuer und bin auf meiner ganz eigenen Lebensstraße unterwegs. So wie du.

Das, was ich als Kind so aufregend und amüsant fand – den Regen, das Steckenbleiben, das Nicht-vorankommen – finde ich als ausgewachsene Frau so richtig scheiße.

Wer will im Leben festhängen – oder?
Es ist mir trotzdem selbst passiert.

2004 endete das Abenteuer Afrika. Ich verließ den Kontinent der Sonne. In Deutschland wartete nämlich eine Ausbildung zur Medien-Designerin auf mich.

Ich werde immernoch oft gefragt, ob mir Afrika fehlt.

Oh ja… !

„You can never get the dust of

Africa off your feet"

(Du kannst den Staub Afrikas
nie von deinen Füßen waschen.)

- Shel Arensen
(Autor, Mein Englischlehrer 10 Klasse)

Ein Teil in mir vermisst die leuchtenden Farben der Sonne und die Weiten des Horizonts, die Herzlichkeit und die atemberaubende Landschaft Afrikas.

Meine ersten Lebensjahre hielten einen Haufen Abenteuerreisen für mich bereit:

- Wild-Camping mit Löwen als Zelt-Nachbarn,
- Schwimmenlernen neben Fröschen,
- mit fünf Familienmitgliedern auf **einem** Motorrad zum Picknicken
- im Einbaumboot durch breite Flüsse voller Krokodile und den Sonnenaufgang hinterm Kilimanjaro genießen.

Ich liebte die atemberaubenden Orte Ugandas und Kenias, zum Beispiel den Methangas-See, der wild blubberte oder den Vulkankrater des Mount Longonot. Noch heute habe ich den Duft exotischer Gewürze auf überfüllten Märkten an besonders heißen Tagen in der Nase und sehe die bunten Kleider vor mir, die so typisch für Afrika sind. So typisch wie das skurrile, aber leckere Essen, von dem du manchmal denkst: „Lebt das noch?"

Auch meine Wiederkehr nach Deutschland war auf ihre ganz eigene Weise abenteuerlich.

Der erste Straßenabschnitt war holprig. Mein ganzes Leben hatte sich um 180 Grad gedreht. Mit 18 konnte ich weder Deutsch lesen, noch schreiben. Unglaublich, dass du jetzt dieses Buch in den Händen hältst.

Ich musste damals lernen, mich auf neue Herausforderungen einzulassen, aber ich war so unglücklich. Ich vermisste meine Freunde, die jetzt auf der ganzen Welt verstreut waren, meine Familie, die noch in Afrika lebte und mir fehlte mein treuer Begleiter, mein Hund.

In dieser Zeit nieselte es gefühlt dauerhaft, obwohl ich Sicherheit und Struktur, einen „guten Job" in einer Werbeagentur, eine hübsche Wohnung und ein schniekes Auto hatte.

Ich hatte das Gefühl, in der Monotonie meines Arbeitsalltags zu ersticken. Heute nennt man das Bore-Out.

Meine Chefs mobbten mich aufgrund meines bunten Auftretens und meiner Rechtschreibschwäche, konnten meine Arbeitszeit aber nie mit spannenden Aufgaben füllen.
Totale Unterforderung, ständige Blicke auf die Uhr – tick, tack, tick, tack.

Zusätzlich war ich frischer Single unter vergebenen Freundinnen. Zuhause wartete niemand auf mich. Meine Studienbewerbungen an zwei Universitäten wurden abgelehnt. Nix lief richtig, aber es lief träge weiter.
Damals bin ich innerlich fast zerbrochen. Ich vergaß, wie mutig ich eigentlich war.

Ich spürte aber Eines ganz deutlich: Es wird Zeit für was Anderes. Der Nieselregen, der ganz ohne tobenden Sturm und auffälliges Gewitter meine

Straße verändert hatte, ließ mich nicht mehr vor und nicht zurück. Vielleicht kennst du das Gefühl.

So fühlt sich Feststecken an. Als gerieten wir in eine Falle, die mal unbequem und manchmal richtig gemütlich ist.

Acht Jahre nachdem ich Afrika verlassen hatte, kam es zu mir zurück. Es rettete mich aus dieser Falle.

Es kam als neues Hilfsprojekt meiner Eltern, die mich um Unterstützung baten, daher. Mein Herz klopfte bei dem Gedanken daran, alles zu verändern und mit in den Tschad zu reisen.

Ich nahm all meinen Mut zusammen und hielt ihn gegen meine Ängste. Ich kündigte alles, buchte einen Flieger und trat die Reise nach Afrika, die mein folgendes Leben in Deutschland neu prägen sollte, an.

Der Tschad liegt, eingeklemmt zwischen der Sahara und dem tropischen Wetter des Dschungels, in

Zentralafrika. Ein großes, sehr armes Land. Ich bin im August angekommen – mitten in der Regenzeit. Im Tschad bedeutet der Regen für die Menschen im Süden andauernde Bedrohung vor Überschwemmung.

Bis vor ein paar hundert Jahren war diese Region noch ein See. Der ist heute schon lange ausgetrocknet. Wenn es hier regnet, steigt das Grundwasser schnell an die Oberfläche. Da in vielen Bereichen Bildung und erst recht Fachwissen fehlen, gibt es keine sicheren Wohnhäuser, nur sehr wenig geteerte Straßen und noch weniger Infrastruktur.

Das Projekt meiner Eltern war gerade im Aufbau– Bestandsaufnahme darüber, was vor Ort gebraucht wird, Kontakte knüpfen und „erste Hilfe leisten", so schnell es ging, hieß das. Insbesondere in der Regenzeit.

Wenn dich mein Vater morgens fragt: „Hast du Lust auf ein Abenteuer?", sagst du: „Klar! NO RISK, NO FUN!". Ich hatte dieses Kribbeln so, so lange vermisst.

Eines Tages packten wir einen LKW mit drei Tonnen Getreide, um einen Ein-Tages-Trip in ein 80 Kilometer entferntes, benachbartes Dorf zu wagen und den Menschen dort dieses überlebenswichtige, simple Nahrungsmittel zu bringen. Wie die Straßen nach wochenlanger Regenzeit aussahen, kannst du dir vorstellen. Es war unglaublich moderig.

Im ersten großen Schlammloch, das unseren Weg kreuzte, steckte ein anderer LKW fest.

Der Weg war blockiert. Wir hielten an und halfen dem Fahrer beim Herauskommen.

Kurz danach sackten wir selbst in die aufgeweichten Straße ein.

Aus dem ersten Loch kamen wir noch mit etwas Schwung heraus.

Aus dem zweiten halfen uns die Bewohner eines ganzen Dorfs, indem sie uns ausgruben.

Aus dem dritten rettete uns die Kombination Auto – Seil – Helfer.

Aus dem vierten Loch hieß es wieder drei Tonnen Getreide abladen und ran an die Schaufeln.

Meine Frustration wuchs.

Langsam sank die Sonne.

Wir waren erst 30 Kilometer von Zuhause entfernt - 50 lagen noch vor uns. Über den ganzen Tag hinweg war ich von faszinierten Kindern umgeben, die noch nie eine weiße Frau gesehen hatten und deshalb nicht von meiner Seite wichen. Das bedeutet: Ich war nie alleine. Ich konnte nicht mal pinkeln.

Klingt witzig, aber nach sieben Stunden wird das wirklich zum Problem. In diesen Regionen der Welt gibt es keine öffentlichen Toiletten. Um genau zu sein, gibt es da eigentlich überhaupt keine Toiletten, deren Türen du einfach hinter dir schließen kannst.

Als ich, verschwitzt und müde, die Traube an Kindern endlich abgeschüttelt hatte, suchte ich das, was einem Busch am nächsten kam und fischte in meiner Tasche verzweifelt nach einem Taschentuch. Ich fand eins.

Das Universum hat Humor

Rosarot und mit Erdbeer-Duft.

Hello Kitty lächelte mir charmant-absurd zu.

In diesem flüchtigen, unwichtig scheinenden Augenblick ist etwas in mir geschehen. Ich habe mich noch nie so geschämt.

Schlagartig wurde dieses Taschentuch zu einem Symbol für meinen Wohlstand. Ein Symbol für meine Chancen als Europäerin, mein Leben selbstbewusst und selbstbestimmt zu leben und es wirklich wahrhaftig zu gestalten. Zu nutzen. Etwas Besonderes daraus zu machen.

Die Kinder, die mich eben noch fasziniert beobachtet hatten, basteln tagsüber aus alten Plastiktüten ihre Spielsachen und ich benutze ein Taschentuch als Klopapier, das bunt bedruckt und süßlich-duftend der Inbegriff von unnötigem Überfluss war. Jedenfalls in diesem Moment. Die gleichen Kinder haben viele meiner Möglichkeiten nicht.

In diesem Busch in der Hocke hängend wurde mir klar: Ich möchte mein Leben anders gestalten. Ich werde das Privileg, das ich als deutsche Frau, die Zugang zu Bildung, Entwicklung und allem, was glücklich macht hat, voll und ganz auskosten. Für mich und für andere.

Ich entschied stumm: Ich nehme das Steuerrad meines Lebens ab jetzt wirklich in die Hand. Kein Abgeben von Verantwortung mehr, kein Warten darauf, dass mich jemand rettet. Kein Meckern über holprige Straßen. Keine unbewussten Einöden, kein langsamer Nieselregen mehr, den ich ignorieren würde.

Dieser Abenteuerausflug im Tschad dauerte insgesamt drei Tage. Wir sind fünf mal steckengeblieben.

Aus jedem Loch haben wir es wieder herausgeschafft.

Das Taschentusch wurde zu meinem persönlichen Power-Punch. Einem Kick in die richtige Richtung. Einem Tritt hin zum Machen statt Warten oder sich in Ängsten verlieren. Deshalb wirst du meine Power-

Punches überall im Buch finden. Nimm sie wahr wie ich damals Hello Kitty. Sie können dein Leben verändern.

Wieder in Deutschland angekommen wagte ich mich trotz meiner sprachlichen/schriftlichen Nachteile, Psychologie zu studieren und gründete schon während des Studiums mein eigenes Unternehmen.

Meine Vision ist es, dich als Mentorin und Coach auf der Reise durch dein Leben zu begleiten – erst recht, wenn du feststeckst. Ich weiß genau, wovon ich spreche. Deshalb widme ich dir dieses Buch.

Unser Leben ist nicht immer eine 3-spurige Autobahn ohne Baustellen, ohne Stau und ohne Unfälle. Manchmal liegt etwas, dem du ausweichen kannst, auf der Fahrbahn und selten, aber hin und wieder, gerätst du in eine Vollsperrung.

Auf dieser Lebensstraße geht es auf und ab. Es gibt kleine, fast übersehbare und sehr große, unüberwindbar wirkende Schlaglöcher. Es gibt Berge, die es zu überqueren gilt und Abfahrten, auf denen du mal mehr und mal weniger positiv Tempo aufnimmst.

Es gibt Abschnitte, die so holprig sind, dass sie dich komplett durchschütteln und manchmal fährst du Stunden, Tage, Wochen oder Jahre durch eine langweilige Steppe: trocken, staubig, unspektakulär –fast einschläfernd.

Dann kommt der Regen. Es nieselt oder es schüttet regelrecht. Sogar der afrikanische Tropensturm bleibt nicht aus.

Eins ist aber klar: Du wirst nicht durch das Abenteuer deines Lebens durchkommen, ohne mal irgendwo stecken zu bleiben.

Jetzt, da du selbst fährst, triffst **du** die Entscheidungen an deinen Weggabelungen. Deine Gedanken, Ängste, Wünsche, Träume und Visionen sind der Kompass, der dich führt. Du darfst sie ernst nehmen.

Du kannst selbst entscheiden, wie du dein Auto steuerst, welche Wege du einschlägst und wie du auf deine bisherige Route zurückblickst. Mit all ihren Abschnitten.

Du brauchst dafür nur eine Strategie, die dir hilft, dich selbst aus der Scheiße zu ziehen und wieder in die richtige Richtung laufen zu können. Das Schönste ist: Das macht richtig Spaß und du musst nichts davon alleine tun, wenn du nicht willst.

Confidence is about how you act

– not about how you feel!

Deine Downloads:
Workbook und Programme

Ergänzend zum Buch findest du auf meiner Website viele Programme, die dir dabei helfen, deine Situation zu analysieren und mit Power zu verändern.

Du willst echte Veränderung? Dann lad dir auch das Workbook herunter und arbeite noch effektiver mit meinen Strategien.

Here you go: www.simone-zander.com

Freie Fahrt!
Die 3 Teile dieses Buchs

Mein Buch ist eine Einladung an dich, deine aktuelle Lebensphase zu reflektieren und einen Anleitung dafür, dich selbst aus den Schlammlöchern des Lebens zu ziehen, neue Motivation zu finden und wieder freie Fahrt zu haben. Lies es aufmerksam und arbeite direkt mit den Power-Punches – du wirst einen Unterschied spüren. Versprochen.

Diese Buch besteht aus 3 Teilen.

Im ersten Teil erfährst du, weshalb du überhaupt immer wieder stecken bleibst.

Im zweiten Teil lernst du drei Off-Road Strategien kennen, die dich wieder in Bewegung bringen. Meine Power-Punshes helfen dir als praktische Übungen zusätzlich dabei!

Wenn du in Teil 3 ankommst, hast du einen Plan und neue Motivation für deine Lebensreise und die Veränderungen, denen du mutig begegnen darfst.

Und dann? Veränderungen brauchen Zeit und Übung. Egal, ob du auf der gleichen Route bleibst oder ob du bereit bist, einen ganz neuen Weg einzuschlagen, du wirst positive Energie und Selbstbewusstsein brauchen.

Ich zeige dir, wie du dein Selbstvertrauen, deine Wirkung und dein gesamtes Mindset auf ein neues Level bringst.

Die gute Nachricht vorweg: Dein Potenzial ist unendlich groß und deine große oder kleine Abenteuerreise wartet schon auf dich.

In the end, we only regret the challenges we didn't face

Teil 1

DIE KUNST DES STECKENBLEIBENS

Die Reifen drehen im Matsch durch. Ein Weiterkommen scheint unmöglich. Du kommst einfach nicht vom Fleck. Genau wie auf einer dieser durch unaufhaltsamen Regen aufgeweichten, afrikanischen Straßen. Du hängst einfach fest.

Feststecken fühlt sich nie gut an. Du fühlst dich hilflos, hast Angst und du kannst – so scheint es – nicht das tun, was du dir wünschst. Es ist nicht so, dass du nichts verändern **möchtest.** Jede Bemühung scheint dich einfach nicht voran zu bringen.

Dein Struggle führt dazu, dass du dich von deinen Mitmenschen isolierst oder zumindest isoliert fühlst.

Du bist nicht mehr in Bewegung, hast keine klaren Ziele mehr vor Augen und verlierst an Selbstbewusstsein.

Oft ist es der endlose Alltag, der immer gleiche Trott, die ermüdende Eintönigkeit über Wochen, Monate, Jahre. Je älter wir werden, desto eingespielter die Routinen. Irgendwie immer das Gleiche…

Du hast schon alles versucht, aber nichts ändert sich. Die Frustration steigt. Dein Urteilsvermögen sinkt. Die Motivation bleibt morgens im Bett liegen. Damit soll Schluss sein!

Das Gute ist: Du hast es erkannt.

Die Wahrscheinlichkeit ist groß, dass es Zeit für etwas Neues, einen anderen Weg, mutige Entscheidungen, mehr Selbstwert und Buntheit in deinem Leben wird. Die Schlüssel dazu sind ein Perspektivenwechsel, ein Blick von Außen und etwas Zeit.

„You need a new paradigm to conquer being stuck, otherwise you approach your difficulties with obsolete thinking."

Tony Fahkry

"When we feel stuck, going nowhere – even starting to slip backward – we may actually be backing up to get a running start."

Dan Millman

Ein Leben, in dem wir uns festfahren

In welchen Lebenssituationen besteht die Gefahr, dass wir kleben bleiben?

Wir sind immer busy. Endlose To Do-Listen, die dazu führen, dass wir keine Zeit mehr fürs eigentliche Leben haben, sind fast schon Statussymbole geworden. Unsere Leben sind gefüllt mit überflüssigen Terminen, Must-Have-Hobbys, viel Arbeit und selbsterschaffenem Freizeitstress. Ein komplexes System, in dem alles nur perfekt aufeinander abgestimmt rund läuft.

Digitale Kalender organisieren unser privates und berufliches Leben auf die Minute genau. Deutschland ist ein Land, in dem die Leistungsgesellschaft lebt. Hier werden deine vielen Aufgaben, deine Effizienz, deine Arbeit und Termine schnell mit deiner Intelligenz gleichgesetzt. Wer viel leistet ist erfolgreich, wohlhabend und – **natürlich** – überglücklich.

Das Problem?

Je voller dein Leben, desto anfälliger bist du, dich festzufahren. Oft stecken wir über viele Jahre fest. Erinnerst du dich an mein letztes Schlammloch in Afrika? Genau so geht es vielen Menschen. Die letzte Hürde ist einfach unüberwindbar. Die Angst, etwas falsch zu machen oder die Aufgabe, sich wieder freizuschaufeln oder andere Wege zu finden, scheint zu groß.

Auf der Reise durch dein Leben gibt es zwei klassische Phasen, die das Risiko, nicht weiter zu kommen, erhöhen:

Die Einöde und der Wetterwechsel, der verschiedene Regenphasen kennt.

DIE EINÖDE

Es passiert eine Ewigkeit lang gar nichts. Deine Umgebung, dein Leben verändern sich nicht oder kaum. In der Einöde ist die Monotonie des Alltags die große Herausforderung.

So spektakulär manche Abschnitte deines Lebens sind – so unglaublich öde kann die Fahrt durch eine Steppe sein.

Meine Afrikareisen waren oft spannend, aber es gab auch diese elendigen, trockenen Gebiete, in denen ein bisschen Sand im Wind das aufregendste Erlebnis des Tages war. Endlose Savanne klingt zwar gut, ist für den Fahrer jedoch echt anstrengend.

Keine Kurven.
Kaum Straßenschilder.
Wenig Bewegung.
Der Straßenrand immer gleich.

Wir konnten die Hügel bis zum Horizont zählen, bis die Straße eben wie ein winziger Punkt am Ende unserer Sichtweite verschwand.

Als Kind hoffte ich immer wieder, dass hinter dem nächsten Hügel irgendwas passieren würde und dass dieser Abschnitt endlich zu Ende ging.

Das Gefühl der Einöde erlebte ich auch als ich vor der Tschad-Reise in meinem Agenturjob feststeckte. Viele meiner Kundinnen kennen so ähnliche Lebenssituationen. Kommt dir das auch bekannt vor? Weil wir so verwoben mit unseren bisherigen Erfahrungen und unserer eigenen Geschichte sind, sehen wir nicht immer alternative Möglichkeiten und die Macht, die wir selbst über unser Leben haben.

DIE EINÖDE ERKENNEN

Wenn du deine (Gedanken-)Muster innerhalb der Einöde erkennst, kannst du sie ändern. Deshalb folgen ein paar Beispiele, die mir immer wieder begegnen.

DAS SICH DREHENDE HAMSTERRAD

Du bist so eingebunden in deinen Alltag und den Tag der Anderen, dass du kaum noch aus der Dauerschleife an Kalendereintragungen und To-Do-Listen herauskommst. Versicherungen, Hypotheken und Verpflichtungen, ein „guter und sicherer" Arbeitsvertrag, die neue Schule der Kinder – all das geben wir nicht gerne einfach auf. Dein Karussell fährt wie von selbst immer weiter. Manchmal wird's auch immer schneller und schneller.

DAS SCHLECHTE GEWISSEN

Viele meiner Klienten haben ein schlechtes Gewissen, wenn sie feststellen, dass sie „mehr" wollen. Sie haben augenscheinlich alles erreicht, was sie sich für ihr Leben vorgenommen haben. Partner, Kinder, Haus, Job… und dann?

Sie fragen mich: „Darf ich überhaupt mehr wollen?" und erzählen weiter: „Ich habe das Gefühl, ich bin im Hamsterrad gefangen. Alles ist immer gleich und ich bin unglücklich, obwohl ich doch alles habe. Darf ich überhaupt unglücklich sein?"

DIE LÄHMENDE ANGST

Das Zuhause namens Komfortzone. Wir haben es alle. Hübsch eingerichtet, muckelig warm. „Cosy" eben. In dieser Zone fühlen wir uns sicher. Wir verlassen sie nur ungerne.

Hier fühlst du dich wohl. Deine Angst übrigens auch. Die Problemzone der Komfortzone: Hier ist wenig Raum für Wachstum, Veränderung und Entwicklung. Manchmal stehen wir jedoch vor der Entscheidung: Will ich hier bleiben oder will ich es anders haben?

Der Wetterwechsel ist die zweite Möglichkeit, die dir das Gefühl geben könnte, festzustecken.

"Am Ende ist auch Regen ein Stück Himmel auf der Hand"

Nisse

DER WETTERWECHSEL

Dann kommt der Regen.

Du hast keine Chance, ihn einfach auszuknipsen.

Vielmehr ist die Frage: Wie gehst du mit ihm um?

Mit der neuen Straßenkonsistenz, der verminderten Sicht?

Ich glaube, wir alle hatten in unserem Leben schon mindestens eine Phase, in der unser Autopilot versagte.

Plötzliche Herausforderungen und Veränderungen sorgen dafür, dass du dich neu orientieren und anders verhalten musst, wenn du weiterkommen willst.

Auch wenn die Intensität der Herausforderung nicht nur sehr unterschiedlich **sind,** sondern von jedem Menschen auch anders **empfunden** werden kann.

Die 4 Regenphasen des Lebens

Niesel

Dicke Regentropfen

Es schüttet

Tropensturm oder Typhoon

Niesel: Der Mini-Mind-Fuck

Es ist gar nichts Dramatisches passiert.

Du bist einfach nur genervt.

Irgendwie aufgewühlt. Unruhig. Gestresst.

Angespannt. Diffus im Kopf.

Vielleicht war da ein kleiner Streit zwischen Kollegen. Ein Feedback, das du eigentlich nicht hören wolltest. Eine Auseinandersetzung mit deinem Partner oder deinen Kindern.

Es ist nichts – und doch **ist was.**

Niesel bedeutet, dass deine Straße noch trocken bleibt, während deine Scheibe gesprenkelt wird und dein Scheibenwischer nur für Schmierstreifen sorgt, weil du keine Zeit oder Lust hattest, in die Werkstatt zu fahren..

Deine Aussicht? Eher mäßig. Dein Durchblick? Wechselhaft.

Das sind die Phasen des Lebens, in denen du keine Ahnung von deinen Zielen hast.

Der nächste Schritt? Verschwommen.

Der lebendige Flow? Irgendwie unterbrochen.

Es holpert.

! Hier brauchst du zum Glück noch kein Team, das dich aus dem Schlamassel zieht. Atme durch! Halte inne.

Diese Momente kommen und gehen.

POWER-PUNCH
Klare Sicht

Um durch eine verschmierte Scheibe wieder klar sehen zu können, helfen:

- **Meditation:** Durchatmen und Ruhe finden.
- **Yoga/Sport/Spaziere/Boxen:** Raus aus dem Frust, rein in den freien Kopf und erkennen, dass du den Regenschirm aufgespannt hast.
- **Tu dir gut:** Lecker Essen, einen Wein mit Freunden in deinem Lieblingslokal trinken, ein Date der Extraklasse, ein entspannter Wellness-Tag oder einfach ausschlafen.
- **Scheibe putzen:** Vielleicht brauchst du ein kurzes, klärendes Gespräch mit der Person, die dich gerade aufwühlt. Musst du dich entschuldigen? Gibt es ein Missverständnis und eine klare Rückfrage würde den Mini-Mind-

Fuck lösen? Wem musst du noch verzeihen, ohne dafür eine Rückmeldung zu erwarten.. ?

Frag dich:

- Was gibt dir Ruhe zurück und was lädt dich mit Energie auf?

Integriere ab sofort mehr davon in dein Leben.

 **AB SOFORT.**

Dicke Regentropfen: Jetzt wirds stressig

Die Tropfen werden größer und sie kommen plötzlich.

Sie schlagen kräftig auf der Straße auf.

Boom!

Unerwartet ist die Straße nass.

Es gibt einen Grund für deine Unruhe, einen Auslöser.

Der kann auch positiv sein. Er macht eben einfach nur Unruhe.

Du stehst vor einer großen Entscheidung, einer Präsentation, einem Gespräch vielleicht. Du hast eine Idee und willst ihr folgen. Du willst was Neues starten und merkst, dass es kribbelt.

Die negative Alternative: Du hast Ablehnung erfahren. Absagen. Du bist irgendwo gescheitert. Ein Plan ist nicht aufgegangen. Ein Streit wurde sehr persönlich. Du bist vielleicht verletzt oder wütend. Egal, ob „gut" oder „schlecht": Du merkst das Adrenalin durch deinen Körper rauschen, den Druck in deinem Kopf, das Klopfen deines Herzens, die Schwere auf deinen Lungen. Du hast unruhig geschlafen. Bist zappelig und nicht präsent. Gegenwart? Gibt es, hast du schon mal gehört, aber deine Gedanken driften zurück und vorwärts – Vergangenheit und Zukunft.

In dieser Lebensphase wird's brisant.

Du nimmst den Fuß vom Gas und reflektierst, was passiert ist. Noch wirkt sich der Regen nicht so aus, dass du ins Rutschen kommst. Du veränderst kurz deinen Fahrstil und wirst wachsam. Achtest darauf, was du als Fahrer brauchst – und worauf es jetzt ankommt. Diese Wachsamkeit bringt Klarheit.

POWER-PUNCH
Stresskiller Atmung

Wie fühlt sich Stress in **deinem** Körper an?

Flache Atmung. Schneller Herzschlag. Schwitzen. Zittern. Klos im Hals. Knoten im Bauch?

Wenn dein Körper Stress erfährt, schüttet er eine extra Portion Adrenalin aus. Für einen Moment macht dich Adrenalin wach, klar, reaktionsfähig und gibt dir Power. Du bist jetzt entweder perfekt darin, dich tot zu stellen, wegzulaufen oder in den Kampf zu ziehen. Diese Ur-Reflexe sollen dich vor allem schützen. Der Säbelzahntiger und so.

Wichtig ist, dass du den Stress in dir erkennst und lernst, ihn etwas mehr zu steuern. Sonst wirst du leicht davon überrollt und verlierst Klarheit und Handlungsfähigkeit.

Der beste Umgang mit aufwühlender Unruhe ist Atmung.

Dein Atem ist der Schlüssel für innere Ruhe und für die Kontrolle über Stress.

Die tiefe Bauchatmung

In vielen Meditations- und Yoga-Lehren geht es darum, mit dem „Bauch" zu atmen. Wieso mit dem Bauch? Deine Atmung und die Bewegung deiner Lunge entstehen durch die muskuläre Arbeit deines Zwerchfells. Wenn du also „mit dem Bauch atmest", aktivierst du dein Zwerchfell und nutzt die ganze Kapazität deiner Lunge. Die tiefe Bauchatmung führt dazu, dass deine Organe im Bauchraum massiert werden. Unter Stress ist der Körper im Fluchtmodus und dein Bauch ist angespannt (fest) und deine Atmung flach (kurz). Die Bauchatmung setzt körperliche Impulse, die deinem System Entspannung signalisieren. Der Effekt, wenn du es einfach machst, ist sofort spürbar. Es gibt tausende Bücher über Atmung und zahllose Übungen online.

Mir ist wichtig, dass du erkennst, dass deine Atmung ein bewusster Prozess ist und dass die Qualität deiner Atmung einen großen Unterschied für dein Wohlbefinden macht. Wenn du also mal wieder das Gefühl hast, von Stress überrollt zu werden: Bleib stehen, atme tief ein und aus und beobachte wie du zu Ruhe kommst. Mach das für wenige Augenblicke ganz bewusst. Dafür brauchst du nix – nur dich selbst.

Es schüttet:
Hello Schlammloch!

Ok. Es schüttet aus vollen Eimern. Schöne Scheiße.
Alles ist nass. Die unbefestigte, afrikanische Straße
deiner Abenteuerreise Leben wird immer weicher.
Rutschgefahr!
Die oberste Schicht wird zu Nussnougatcreme –
kontrolliertes Fahren ist fast unmöglich. Starkes
Einlenken kann gefährlich sein. Geradeausfahren
aber auch.

Ich habe dir schon erzählt, dass ich diese
Straßenkonsistenz als Kind wirklich geliebt habe, als
Erwachsene später aber feststellen musste, wie
kompliziert und anstrengend das Fahren auf glatten
Straßen eigentlich ist.

Es droht das Gefühl des unmittelbaren Kontrollverlusts. Diese Lebensphase kann eine Abfolge von Regenschauern mit dicken Tropfen sein. Es gibt vielleicht gleichzeitig mehrere Stressoren, also Außeneinwirkungen, die Stress innerhalb deines Systems auslösen.

Alle wollen was von dir.
Du fühlst dich überfordert bis hin zu ausgebrannt.

Solche super-rutschigen Straßen sind gefährlich. Es droht echtes Potenzial, stecken zu bleiben oder von deinem ganz ureigenen Lebensweg abzukommen.

POWER PUNCH

Fokus auf dich selbst

Wie du kontrolliert lenkst, bis der Regen aufhört und die Straßenverhältnisse wieder sicher werden:

Beide Hände ans Lenkrad und voller Fokus auf die Bahn!

Hör auf, immer auf dein Handy zu schauen! Aktuelle Studien zeigen, dass wir im Durchschnitt über drei Stunden täglich am Handy verbringen. 144 Minuten davon entfallen auf unsere Social Media Kanäle, unabhängig davon, ob wir Business darüber machen oder nicht. Die Studien zeigen außerdem, dass die Bildschirmzeiten an Smartphones und die Aktivitäten in Social Media jedes Jahr mehr werden. Die WHO schätzt das aktuelle Lebensalter auf 72. Wenn die aktuelle Generation im Alter von zehn Jahren mit dem Konsum und der Nutzung von Social

Media startet, entsprechen diese Zahlen rund sechs Jahren und acht Monaten, die unsere Kids nur mit Social Media verbringen.

Egal wie viel Zeit du tatsächlich online bist: Sie raubt dir Konzentration und manchmal auch deine guten Gedanken, Selbstwertgefühl und deine eigene Klarheit. Wenn du die Kontrolle über deinen Lebensweg haben willst: Handy weg und Blick auf die Straße!

Insbesondere, wenn du merkst, dass es gerade einen Umbruch in deinem Leben gibt und du dich viel mehr auf dich selbst besinnen und herausfinden möchtest, wohin du an der nächsten Kreuzung lenkst.

Probier es aus, auch wenn du denkst, du bist gar nicht so viel online.

FAHRTRAINING BUCHEN!

Egal ob Nussnougat-Straße oder Aquaplaning auf der Autobahn: Sicheres Fahren auf glatten Oberflächen kannst du lernen. Besonders wertvoll ist es natürlich, dieses Training **vor** der realen Situation zu absolvieren.

Fahrtraining für Lebensregen kann alles aus der Persönlichkeitsentwicklung sein. Aber auch Weiterbildungen sind manchmal genau das Training, das es für deinen weiteren Weg und entspannte Off-Road-Fahrten braucht. In Seminaren, Coachings und auf Retreats oder durch Online-Kurse lernst du, wie du mit deinen Gedanken und den Emotionen, die wahrscheinlich reflexartig aufkommen, umgehen kannst. Die Arbeit an deinem Mindset und das Aneignen guter Techniken sind so wichtig für Momente, „in denen es drauf ankommt".

Tropensturm oder Typhoon: Alles neu?

The big stuff. Shit goes down.

Job weg. Trennung. Krankheit. Scheidung. Gebrochenes Herz. Unfall. Trauer, Wut, Verzweiflung und alle anderen Emotionen pur.

Bis jetzt hattest du vielleicht mal eine verschmierte Scheibe vor den Augen oder eine rutschige Straße, auf der du hin und her geschlittert bist, dich aber irgendwie wieder fangen konntest. Du bist weitergekommen, auch trotz Hindernissen und Umwegen.

Dann kommt das letzte Schlammloch. Ein Loch, das dich einsickern und versacken lässt.

Typhoons machen große Veränderungen in dir nötig, wenn du weiterkommen willst. Zu dieser Veränderung kannst du dich jederzeit entscheiden.

Früher wusste ich immer, dass es abenteuerlich werden wird, wenn mein Vater aus dem Lastwagen gestiegen ist, um zu sehen, wie und wo wir feststeckten. Wenn er den Zollstock rausholte, um zu messen, wie tief das Schlammloch war, glänzten meine Augen vor Spannung. Äußerlich nämlich war nie wirklich erkennbar, wie tief das Schlammloch wirklich war. Kleine Pfütze oder riesiger Krater, in dem wir Kids hätten schwimmen können und der die Gefahr barg, dass das Auto noch viel tiefer einsinken könnte.

2018 verbrachte ich auf einer Insel in Thailand einen wunderbaren Urlaub. Nach zwei Tagen im Paradies wurde das Meer immer unruhiger, der blaue Himmel wurde grau und der Wind sehr stark. In dem Hostel und über die örtlichen Wetterdienste wurde langsam ein Summen lauter: Es kommt ein Typhoon. Wir wollten so schnell wie möglich wieder auf das

Festland. Das Meer war zu unruhig für eine Überfahrt und somit wurden alle Fähren für die nächsten vier bis fünf Tage gesperrt. Unser Rückflug von Bangkok nach Frankfurt war wann? Genau. In vier Tagen. Typisch untypischer Stressor!

Am Ende haben wir doch noch eine Notfallfähre bekommen. Bei fünf Metern Wellengang und drei Stunden Schippern übers offene Meer bekam sogar mein Abenteurerinnenherz Muffensausen.

In meiner Arbeit als Coach kommen Menschen genau an diesem Punkt, den ich gerne „transition" nenne, auf mich zu. Es ist eine Übergangszeit.

Sie sind aus ihrer bisherigen Normalität aufgewacht, manchmal regelrecht schmerzhaft geweckt worden. Sie können nicht mehr übersehen, dass sie feststecken. Diese Feststellung ist der Schlüssel, um wieder in Bewegung zu kommen. Über die Jahre habe ich beobachtet, dass es immer ganz ähnliche Lebensereignisse sind, die meine Kunden ausbremsen.

Als ich über die unterschiedlichen Regenphasen im Leben nachgedacht habe, dachte ich nie, dass ich über einen „Lebenstyphoon" schreiben würde.

Passiert ja doch sehr selten, dachte ich.

Ich lag falsch.

Ich schreibe diese Buch mitten in der Coronavirus -Pandemie 2020 und für viele Menschen ist und war das ein Typhoon. Dein Lebens-Auto fährt in solchen Augenblicken vielleicht gar nicht mehr. Du weißt nicht, ob du dein Auto behalten kannst oder ob die Straßen morgen noch existieren. Gerade jetzt ist es besonders wichtig, mit Power-Punches zu arbeiten, um nicht auf ewig festzuhängen.

RAUS AUS DER SCHOCKSTARRE, REIN INS TUN!

Auch wenn du das Gefühl der Verzweiflung und Panik erlebst, kannst du wieder in Bewegung kommen. In diesem Jahr habe ich Menschen erlebt, die viel zu lange den toten Marienkäfer gemacht haben. Das Gefühl, keine Kontrolle mehr zu haben, war für viele einfach nicht aushaltbar. Nichts, womit sie irgendwie umgehen konnten.

Auch mich hat das Jahr 2020 für ein paar Tage ziemlich aus der Fahrbahn geschmissen. Daraufhin habe ich meine eigenen Strategien befolgt und bin jetzt sehr dankbar für diesen ungewöhnlichen Schubs des Lebens, der so ein Typhoon nämlich auch werden kann. Wenn du in diesem Leben etwas erlebst, das dich derart aufrüttelt, sei dir sicher: Du kannst die Schockstarre definitiv verändern, wenn du es möchtest.

LÖSE DEINE HANDBREMSE UND LOS GEHT'S!

DEINE ZEIT IST IMMER JETZT.

Die Übungen im zweiten Teil des Buchs sind ein bunter Mix aus meinen Ausbildungen und meiner über zehnjährigen Berufspraxis.

POWER-PUNCH

Fragen für Veränderungen

Was, wenn du nicht so weitermachen willst?

Wenn du zu der Erkenntnis kommst: Nein! **So** soll es nicht bleiben. Ich kann nicht mehr. Ich will nicht mehr. Ich will's jetzt anders!

Stell dir selbst diese Fragen:

1. Was macht mir die größte Angst?
2. Welche Gefühle möchte ich gerne vermeiden?
3. Worst-Case-Szenario, wenn ich das tue, was ich eigentlich möchte?
4. Und was passiert, **wenn es mir gelingt?**

WIESO UNSER GEHIRN VERÄNDERUNGEN BLÖD FINDET.

Es ist unglaublich schwer aus alten Gewohnheiten und antrainierten bzw. durch unsere Lebenserfahrungen eingeübten Reaktionen auszubrechen. Mir wird oft erzählt: „Simone - ich weiß, dass ich feststecke, aber ich warte noch darauf, dass ich mich bereit fühle, endlich loszulegen."

ICH HABE SCHLECHTE NEWS FÜR DICH.

DER MOMENT, IN DEM DU DICH „BEREIT FÜHLST", KOMMT NICHT!

Warum? Weil dein Gehirn nicht will, dass du dich veränderst. Veränderungen sind für unser Gehirn grundsätzlich erstmal gefährlich. Egal, ob du in deiner altbekannten Komfortzone steckst oder in einer neuen Herausforderung erstarrst – freiwillig einen neuen Weg gehen wird verdammt schwer. Dein Gehirn ist dazu da, dich zu beschützen.

Die Erkenntnis, dass du feststeckst, ist das Zeichen!, auf das du wartest.

Du bist bereit für die Veränderung.

Punkt

Klar ist auch, dass wenn **du** nichts veränderst, sich **nichts in deinem Leben** verändern wird.

Neuanfänge können sich wie das Ende von Etwas anfühlen. Wenn wir bereit sind, ein neues Kapitel zu schreiben, heißt das, ein altes Kapitel zu schließen. Abschied nehmen von dem Alten ist fast immer schmerzhaft. Erst, wenn wir wirklich (Innen-)Raum dafür schaffen, kann auch etwas Neues entstehen.

Abschiede und Neuanfänge ziehen sich wie ein roter Faden durch mein eigenes Leben, daher weiß ich gut, wie sie sich anfühlen.

So spannend meine Internatszeit auch war, so sehr hat mich der Abschied von Zuhause traumatisiert. Die erste Nacht ohne meine Mutter habe ich einfach durchgeheult. Ich musste als Siebenjährige schnell erwachsen werden und mir ein dickes Fell zulegen. Ich habe lange Zeit neue Menschen nie wirklich tief in mein Herz gelassen. Die gehen ja sowieso wieder, dachte ich, wieso also überhaupt nah an mich heranlassen?

Um tiefe, wunderbare Freundschaften und Beziehungen zu führen, durfte ich lernen, meine Muster zu erkennen und die Angst davor, verlassen zu werden, zu unterbrechen. Ich arbeite heute noch daran. Ich glaube nicht, dass wir jemals „fertig" mit persönlicher Entwicklung sind, wenn wir ehrlich zu uns selbst sind.

Erst als ich verstanden habe, wie ich die Kontrolle über mein Handeln und Denken wirklich steuern kann, wurde ich frei. Du kannst das auch.

Taking back Control

Du wirst in diesem Buch sehr oft das Wort „Kontrolle" finden. 99% meiner Arbeit als Coach und Mentor basieren darauf, dir zu zeigen, wie du deine Kontrolle über dich und dein Leben zurückgewinnst. Wenn wir unter Stress, Druck oder Angst stehen, läuft unser Gehirn auf Autopilot. Um das Steuer wieder in die Hand zu nehmen, brauchst du nur einen guten Plan.

Der erste Schritt zur Besserung ist, zu erkennen, wann und wo du die Kontrolle verlierst. Die folgende Grafik veranschaulicht dir diesen Kontrollverlust ganz einfach.

DER KREISLAUF DES FESTSTECKENS

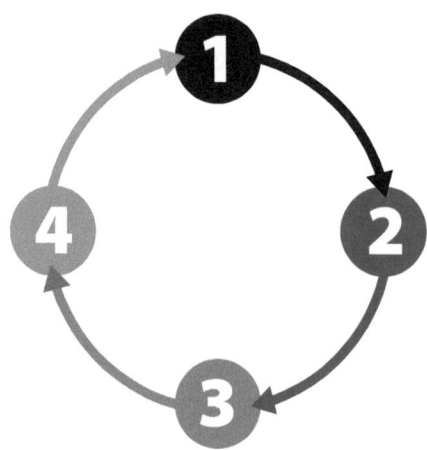

1. Eine Herausforderung taucht auf

2. Alte Gedankenmuster folgen

3. Unsicherheit, Angst & Panik machen sich breit

4. Reagieren wie immer oder neu entscheiden

Oh Gott. Ich stecke fest.

Schnell!

Gas geben.

Vor und zurück. Hin und her. Das muss doch funktionieren.

Stärker lenken? Vielleicht schaff ich's hier noch alleine raus, wenn ich mich richtig anstrenge…

Einfach nur nochmal mit Schwung.

Vielleicht funktioniert es dann…

Die Räder drehen längst durch, während wir oft noch versuchen, alles Menschenmögliche zu tun, um aus dem Schlamassel rauszukommen.

Die schnelle Reaktion und das unkontrollierte, weil unüberlegte Handeln führen nur dazu, dass du dich noch tiefer in den Moder gräbst.

Die Strategie „Gasgeben" raubt vor allem Energie.

Viele Jahre unterlag auch ich dem Irrglauben, dass, je mehr wir tun, wir umso schneller „raus" sind oder vorwärts kommen.

Je mehr ich jedoch **tat,** desto größer die Angst, dass eben **doch nichts passierte.** Tatsächlich brennt uns diese Vorgehensweise nur aus, mehr nicht.

Als ich 2011 meinen Agenturjob kündigte, war ich kurz vor dem Burnout. Erschöpfung und Burnout und deren langfristige Folge, die Depression, sind heute die zweithäufigste, psychische Erkrankung in Deutschland.

Manchmal ist das Feststecken eine eigene Methode deines Körpers, dich genau davor zu bewahren.

Anhand des Kreislauf des Feststeckens möchte ich dir 5 Steps mitgeben, die aus deinem Feststecken eine erfolgreiche Weiterfahrt machen können.

1

Eine Herausforderung taucht auf

Eine Veränderung reißt dich aus deinem Alltagstrott. Die Feststeckspirale beginnt fast unbemerkt und automatisch. Dein Unterbewusstsein schlägt Alarm und triggert deine Gedanken. Es ruft alte Muster und Gewohnheiten ab. Deine Erinnerung sucht eine für dich bereits bekannte und vergleichbare Erfahrung und lädt das alte Programm.

Deine Standardroutine wird unbemerkt in Gang gesetzt. Es ist ja nicht deine erste Herausforderung dieser Art und dein System glaubt, aus der Vergangenheit gelernt zu haben, was du jetzt brauchst.

Das Basisprogramm umfasst auch gewohnte **emotionale** Reaktionen wie Angst. Dieser emotionale Zustand dient dazu, dich vor Gefahren zu beschützen und stellt sicher, dass du auf altbekannte (und für dich sichere) Reaktionen zurückgreifst. Unbewusst hörst du auf einen inneren Dialog, der dir die Anweisung gibt, dich in Sicherheit zu wiegen.

Um diesen Kreislauf zu durchbrechen und echte Veränderung zu erschaffen, darfst du lernen, deine Gedankenmuster zu hören.

Zu erkennen.

Zu spüren.

2

Alte Gedankenmuster folgen

Die Erlebnisse deiner Vergangenheit, all deine bisherigen Prägungen, z. B. durch Erziehung und die Wahrnehmung der Kultur, in der du lebst, bestimmen mit, wie du über die Welt denkst und welche Muster du entwickelst.

Dein Identitätsgefühl, das Gefühl dafür, wer du bist und was dich ausmacht, entsteht im Laufe deines Lebens aus den Geschichten, die du dir und allen anderen darüber erzählst, wer Du bist, was du kannst und warum. Auch, was andere dir über dich erzählt haben, spielt bis zu einem gewissen Grad eine Rolle.

DIESE GESCHICHTEN WERDEN HÄUFIG ALS GUTE „BEQUEMLICHKEITS-AUSREDEN" ODER BESCHULDIGUNGEN BENUTZT:

- Ich bin so, weil meine Eltern dies oder jenes getan oder nicht getan haben.
- Ich bin so, weil ich als Kind...
- Ich bin so, weil ich überbehütet/unbehütet aufgewachsen bin.
- Ich bin so, weil dies oder jenes passiert oder nicht passiert ist.

Als Kind nimmst du die Welt ungefiltert wahr. Was du siehst, hörst, schmeckst und erlebst wird zu deiner Wahrheit. Als Erwachsene prägen uns Familie, Beziehungspartner, Bekannte, Arbeitskollegen, Religionsgemeinschaften, Medien und Politik. Viel zu oft halten wir diese Geschichten aufrecht und erzählen sie uns immer und immer wieder. Wir jammern lieber, als etwas ganz Neues zu denken, zu machen, zu probieren und das eigene „Spielfeld" zu erweitern.

All diese irgendwann selbsterschaffenen Erfahrungen bündelt dein Gehirn und formt Muster, wiederkehrende, unterbewusste Gedanken oder Glaubenssätze, die dir helfen sollen, deine subjektive Wahrheit der Welt und die Entscheidungen, die du tagtäglich triffst, zu vereinfachen. Dadurch hat dein Geist mehr Kapazität für das Wesentliche frei.

Du programmierst mit deinen inneren Geschichten und Gedanken dein bequemes Unterbewusstsein und beeinflusst damit auch deinen Körper, dein Wohlbefinden und deine Widerstandskraft damit.

Diese Gedankenmuster wirken lange bevor du ein bestimmtes Verhalten zeigst, also konkret handelst.

Deine Programme bestimmen deinen ganzen Alltag. Die Art und Weise, wie du dich kleidest, deine Art zu gehen, zu sitzen, welche Zeitung du liest, welches Brot du isst, welchen Weg zur Arbeit du nimmst usw.

Nicht umsonst haben sich bekannte, erfolgreiche Persönlichkeiten schon dafür entschieden, jeden Tag die gleiche Kleidung zu tragen. Je weniger bewusste

Entscheidungen du treffen musst, desto mehr Energie bleibt dir übrig.

Die Geschichten die du dir selbst über dich, das Leben und die Welt erzählst, beeinflussen und erschaffen deine Realität. Jeden Tag.

Das Gute daran: Deine bisherige Geschichte ist „nur eine Geschichte". In dem Moment, wo du entscheidest und übst, dir eine neue Geschichte zu erzählen, kann echte Veränderung stattfinden – erst innen, dann außen.

Und noch was Gutes: Du bist mit Sicherheit auch schon voll von positiven Denkmustern, die du nur noch verfeinern, verstärken oder einfach voll und ganz genießen darfst. Auch hierfür sind die Übungen im Buch hilfreich, denn selbst darüber sind wir uns nicht immer bewusst. Dabei dürfen wir viel mehr wahrnehmen, was schon alles da ist und es groß machen. Dankbarkeit ist dafür ein wundervolles Tool.

Unsicherheit, Angst & Panik machen sich breit

Steckst du also noch mitten in dem Teufelskreis des Feststeckens, folgst du praktisch deinen negativen Gedanken.

Negative, also hinderliche, entmutigende Glaubenssätze schaden unserem Selbstwert. Sie sind deshalb echt gefährlich, denn sie führen dazu, dass du dich schlecht fühlst. Manchmal weißt du nicht einmal wieso. Sie hinterlassen Gefühle wie Angst, Wut und Hilflosigkeit und entwaffnen dich still und heimlich.

Übrigens sind Angststörungen die in Deutschland am häufigsten diagnostizierte, psychische Erkrankung.

Eine Gesellschaft in Angst also, eine wahre Volkskrankheit.

Um diese „negativen Gefühle" nicht mehr zu spüren, entwickeln wir Schutzstrategien gegen sie.

TYPISCHE SCHUTZSTRATEGIEN:

- es allen recht machen
- Flucht/sich zurückziehen
- Angriff/Aggressionen
- Selbstperfektionismus
- Selbstoptimierung

Die Schutzstrategie Flucht beobachte ich bei vielen meiner Klientinnen am meisten. Ich nenne das auch liebevoll „den Opossum". Du stellst dich tot und hoffst, dass alles an dir vorbeizieht und sich irgendwie schon regeln wird. Wenn meine Klientinnen unter Druck stehen, verstecken sie sich gerne und werden regelrecht unsichtbar. Kennst du das auch von dir?

Ein typischen Verhalten ist dann z. B., dass sie sich im Meetingraum ganz nach hinten setzen und sich nicht zu Wort melden, selbst wenn sie eine kreative, durchschlagende Idee für die Lösung eines Problems hätten. Statt für die eigene Leistung aufzustehen und laut zu werden, hoffen sie insgeheim, dass nicht sie auf ihren Chef zugehen müssen, um eine Gehaltserhöhung zu bekommen, sondern dass er eines Tages von selbst auf sie zukommt und ihnen – schwupps – am gleich 30 % mehr zahlt. Klar, denn er kam ja auch die letzten Jahre, in denen die Unzufriedenheit über die finanzielle Ungerechtigkeit anwuchs, nicht an…

„Simone, es ist nicht fair! Meinen Kollegen wird in den Meetings immer aufmerksam zugehört. Sie kommen mehr zu Wort als ich. Meine Kollegin wird immer mit zum Kunden genommen. Ich nie!"

Erkennst du das Problem? Wer sich selbst nicht sichtbar macht, wird auch von Anderen nicht gesehen. Wie auch?

Wie an der ein oder anderen Stelle schon erwähnt, spielt unser Körper eine wichtige Rolle, wenn es um innere Veränderungen geht, die schließlich auch dein Außen verändern sollen. Dein Körper ist beispielsweise ein klarer Indikator, dein Zeichengeber dafür, ob alles in Ordnung ist oder du gerade Angst spürst, irgendwo hinschauen und etwas verändern darfst.

Es ist viel einfacher, zuerst deine körperlichen Reaktionen und Empfindungen zu checken und zu erkennen und dann damit zu arbeiten, als dir durch pure Gedankenkraft völlig neue Gefühle generieren zu wollen.

Körperliche Reaktionen zeigen sich oft plötzlich – sie sie sollen ja dein Überleben sichern und dienen dazu, dich wachsam, reaktionsschnell und kräftig zu machen. Jedenfalls für einen kurzen Moment der Bedrohung. Das alles ohne vorherige Verarbeitung und Bewertung der Großhirnrinde. Es kommt innerhalb von Sekunden zu einer Alarmreaktion im Körper, wenn du Angst spürst – in dem Fall wichtig, um alte Gedankensmuster aufzudecken, bevor du dir überhaupt einen Gedanken um deine Gedanken hast machen können.

Diese adrenalingesteuerten Impulsreaktionen können Schwitzen, einen hektische oder flache Atmung, erhöhter Herzschlag und Blutdruck, Appetitverlust, deutlicher Fokus und schärfere Wahrnehmung sein. Du bist nervös, unruhig und erregt. Im Normalfall kommt es nach einigen Minuten zu einer Gewöhnung an die Situation und dein Körper reguliert sich von selbst wieder. Bei seelischer/ mentaler Belastung durch Herausforderungen des Alltags ist dein biologisches Reaktionsmuster ähnlich. In Stresssituationen verschlägt es dir die Sprache, du bist gereizt, genervt, oder gar aggressiv. Je nachdem, ob du Kampf- oder Fluchttyp bist, entscheidet sich schließlich, wie du auf solche Situationen reagierst.

Ohne die gesamte Angst-Dynamik zu kennen, reicht es, wenn du auf allen Ebenen verstehst, dass du dein Feststecken noch weit vorm tatsächlichen Feststecken erkennen kannst – mithilfe deines

Körpers und deiner Unruhe. Nicht nur über deine Gedanken, die manchmal so flüchtig sind, dass es scheint, als würde unser Körper noch vor ihnen reagieren.

Tut er sozusagen auch, denn manche Gedanken sind so eingewachsen und alt, dass sie nicht mehr gedacht werden müssen, damit sie wirken.

Viele von uns haben es verlernt, auf ihren Körper zu hören und ihn ernst zu nehmen. Erst wenn du deine Stressreaktionen und ihre Bedeutungen kennst, deine Gedanken und Gefühle so genau wahrnehmen kannst, kannst du jedoch auch dein Handeln besser kontrollieren.

Wie?
Vor allem durch Atmung und Bewegung! Wenn dein Körper ruhig ist, kannst du klar denken.
Viele meiner Kunden wissen, dass sich Stress auch körperlich nicht gut anfühlt.

Sie sagen Dinge wie:

„Ich bin dann unruhig."

„Ich kann mich nicht entspannen."

„Ich muss immer irgendwas tun."

„Ich hab dann einen Klos im Hals."

„Ich schlafe nicht gut."

Die Beschreibungen sind ein Anfang, aber noch zu wage. Du darfst lernen, genau zu erkennen, wo du es spürst und ab wann.

Warum? Wenn du aus dem Kreislauf des Feststeckens rauskommen möchtest, dann gilt es, neue Muster und Abläufe zu üben.

Spring gerne nochmal zu dem Power-Punch rund um die tiefe Bauchatmung und kombinier den kommenden Punch damit.

KLIENTEN ERFOLGS-STORY

Andrea (Name geändert) ist eine echte Power-Frau. Immer in Action. Nonstop unterwegs. Auf der Arbeit 110 % Leistung. Führungskraft. Tolles Team. Zuhause, Kind und eine Fernbeziehung.

Andreas Problem: Sie ist immer kurz vorm Burnout. Sie fühlt sich ausgelaugt und kann trotzdem nicht zur Ruhe kommen. Anstatt am Wochenende einfach mal die Füße hochzulegen, macht sie lieber die 80 Kilometer-Radtour Just for fun natürlich. Denkt sie.

Das ständige in Bewegung sein stresst ihre Partnerschaft und im Büro reagiert sie häufig impulsiv und unüberlegt. In unserem Coaching wurde klar: Ihr Körper sendet ihr, wenn sie gestresst ist, noch mehr Power!

Ihr ganzen Leben hat sie gelernt, diese Power durch Bewegung und Tun wieder abzubauen – was zu noch mehr Energie führte. Ein ätzender Kreislauf. Als sie mit mir im Coaching gelernt hat, ihre körperlichen

Symptome zu erkennen, konnten wir für sie eine ganz eigene Abbaustrategie entwickeln.

Jetzt reguliert sie ihre Power durch meine Power-Punches, regelmäßiges Yin-Yoga und Mediation und fühlt sich wie ein neuer Mensch.

Mehr Erfolgsgeschichten meiner Kunden kannst du dir hier anhören:

https://simone-zander.com

POWER PUNCH

Adrenalin abbauen

Frage dich zunächst:

✓ Wo genau im Körper spüre ich diese Unruhe

Zum Beispiel:

☐ Kribbeln im Bauch

☐ Atemnot

☐ Kloß im Hals

☐ Schwitzen

☐ Herzrasen

☐ ...

✓ Ab wann treten diese Systeme auf?

- z. B. am Abend vor dem Vortrag, zwei Minuten vor dem wichtigen Gespräch, in den ersten Momenten auf der Bühne.

Wie in den bisherigen Power-Punches erklärt, ist unsere Atmung ein mächtiges, kostenloses Tool, mit dem du dich sofort wieder beruhigen kannst. Die tiefe Bauchatmung ist ein Beispiel. Eine Alternative, für die du ebenfalls nur dich selbst brauchst: **Shake it off!** Schüttle dir das Adrenalin einfach aus dem Körper oder tanz es raus! Notfalls auch im Büro-Klo.

Reagieren wie immer oder neu entscheiden

Ok – jetzt ist klar: Dein Körper und dein Gehirn entscheiden blitzschnell wie du in einer bestimmten Situation reagieren „solltest". Auf diese Reaktion hast du, wenn du es nicht bewusst angehst, fast keinen Einfluss. Ich möchte dir zeigen, dass du dieser unbewussten Muster nicht ausgeliefert bist. Du kannst reaktiv entscheiden und so die Kontrolle über dein Leben zurückgewinnen.

WER TUT, WAS ER SCHON IMMER GETAN HAT, ERZIELT ERGEBNISSE, DIE ER SCHON IMMER ERFAHREN HAT.

Echte Veränderungen fühlen sich oft schwierig an.

Aus dem alten Kreislauf auszubrechen braucht etwas Zeit, Disziplin und Mut. Alle drei sind essenziell geworden in einer Zeit, in der der Wandel nicht mehr wegzudenken ist. „Change" ist derzeit in aller Munde. Beruflich und privat.

Wir sind eigentlich ständig Veränderungen ausgesetzt. Mal ganz kleinen und dann ganz großen. Wenn es eine Konstante in diesem Leben gibt, dann die der stetigen Veränderungen. Dass unser Gehirn aufgrund seiner Bequemlichkeit und dem Wunsch danach, Energie einzusparen, um Ressourcen für andere Dinge übrig zu haben, dennoch stockkonservativ ist, haben wir bereits geklärt. Die Ängste vor Veränderungen sind bei dem Einen überwiegend ausgeprägt und bei dem Anderen weniger.

Eins vereint uns alle: Das Ungewisse birgt nicht nur Unsicherheiten und ruft Urängste wach. Es hält auch enormes Potenzial für ein Leben in vollen Zügen bereit.

Viel Freude beim Lösen deiner
Handbremse in Teil 2!

Um deine Ängste zu überwinden, ist ein großartiger erster Schritt, das enorme Potenzial in Veränderungen zu erkennen, unabhängig davon, wie genau sie aussehen.

Teil 2

HOW TO GET UNSTUCK
RAUS AUS DEM LOCH

Im ersten Teil hast du gelernt, warum du vielleicht feststeckst. Es gibt zwei Szenarios: Du fährst durch die Einöde und es passiert einfach gefühlt nichts mehr oder du hast in deinem Leben gerade einen Wetterwechsel erlebt und steckst jetzt irgendwie in einem Schlammloch auf deiner Straße fest.

In diesem Teil des Buchs will ich dir **drei Handlungsspielräume** liefern, die du in diesem Moment hast.
Wenn Du selbst gerade nicht feststeckst, aber jemanden auf seiner Reise unterstützen möchtest, sind diese Strategien ebenfalls hilfreich.

Eins vorweg: Ein Ritter auf einem Pferd kommt in deinen Handlungsspielräumen nicht vor. Gerettet werden zu wollen ist zwar irgendwie verständlich.

Aber was, wenn du selbst deine Rettung wirst? In jeder Lebenslage? Weil du wählst, es zu sein? Wenn du langfristig hilfreiche Strategien und Methoden in dein Leben integrierst, um künftig viel leichter mit herausfordernden Situationen umgehen – und unbedingt auch nach Unterstützung fragen – zu können?

Was, wenn Warten keine Option mehr wird, weil du weißt, dass du alles, was deinen Weg kreuzt, stark und in Leichtigkeit meistern kannst? Im Bonus-Teil rund um Selbstbewusstsein gebe ich dir für dieses Lebensgefühl zusätzlich hilfreiche Tipps an die Hand.

Aussteigen & Überblick verschaffen

So ein afrikanisches Schlammloch kann hartnäckig sein. Hartnäckiger als wir alle zusammen. Mein Papa brachte mir bei: Erstmal durchatmen, aussteigen und bewusst werden, was überhaupt passiert ist.

Bloß nicht einfach Gas geben und das Ganze nur noch schlimmer machen. Leider passiert genau das ziemlich oft im Leben. Flucht- oder Angriffs-Reflexe eben, die uns überhaupt nicht weiterhelfen.

Du brauchst eine ungetrübte Sicht auf die Dinge. Im Auto sitzen zu bleiben, reicht dafür nicht aus. Aussteigen und analysieren ist es, was du brauchst, um einen handfesten Plan für deinen weiteren Weg zu machen.

Auf unser alltägliches Leben bezogen kann es sein, dass du den Lärm deines Alltags, die Meinung der anderen und die To Dos, die ellenlangen To Dos, ausschalten darfst, um wieder einen klaren Kopf zu kriegen. Nicht selten sehen wir den Wald vor lauter Bäumen nicht.

Jeder von uns hat außerdem Persönlichkeitsanteile, die sich der eigenen Wahrnehmung entziehen, für uns also absolut unbewusst sind, im Umfeld aber durchaus bekannt. Diese Anteile können deine größten Stärken und besten Schwächen sein. Um die für dich richtige Technik zu finden, darfst du dich also erstmal selbst reflektieren. Und zwar ehrlich. **Ganz ehrlich.**

On-Road-Strategie: Selbstreflexion & Glaubenssätze

Dich selbst reflektieren zu können bedeutet, deine Ängste, Wünsche, Gedanken und Gefühl genau hinterfragen und benennen zu können. Es geht dabei nicht darum, besonders gut dazustehen – auch nicht vor dir selbst. Manchmal denken wir, wir sind ehrlich mit uns, aber ein Teil in uns möchte uns immer noch erklären, dass wir „das schon längst verändert haben" oder „da schon total weit sind". Die Folge? Hilft nix.

Es geht darum, die objektive Wahrheit der eigenen Situation zu erkennen. Ohne Bewertung, einfach als Bestandsaufnahme. Nur so kannst du dein Leben so leben, wie du es willst und nicht wie andere es erwarten. Ein wichtiger Baustein für Selbstvertrauen.

DEIN LEBEN ODER DAS LEBEN DER ANDEREN?

Lebst du wirklich dein Leben oder das der Anderen? Erziehung, Eltern, Gesellschaft, Lehrer oder Partner geben uns manchmal vor, wie wir zu leben haben. Hin und wieder tarnt sich das als gut gemeinter Ratschlag: „Das wäre das Beste für dich…"

Was oft lieb gemeint ist, sind eigentlich auch nur alte Glaubensmuster, die zu Schutzreaktionen führen. Erinnerst du dich? Nicht nur dir geht's ja so. Deinen Mitmenschen auch!

Wir lassen uns leicht von Ratschlägen leiten, erst recht, wenn wir selber Angst haben oder unsicher sind. Dann leben wir letztlich jedoch oft die Angst der Anderen aus. Selten aber das, was wir wirklich wollen. Wir möchten Erwartungen erfüllen und Zuspruch bekommen. Rückenwind. Wenn das bedeutet, lieber den sicheren Weg, statt den authentischen zu gehen, sind wir oft breit, es zu tun. Je mehr du lernst, auf deine eigene Stimme zu hören, desto stärker wird sie und desto mutiger wirst du selbst, sie auch zu leben.

REFLEKTIER AM BESTEN SCHRIFTLICH:

Wo lebst du wirklich dich selbst?
Welche Gedanken sind die Gedanken deiner Partner, Eltern oder Freunde – nicht deine?
Was würdest du viel lieber denken… ?

Im Kreislauf des Feststeckens habe ich dir schon dargestellt, wie wichtig wiederkehrende Denkmuster sind. Der nächste Power-Punch hilft dir, diese Glaubenssätze umzuschreiben.

POWER-PUNCH

Neue Geschichten erzählen

Erzähl dir deine Geschichte neu!

Hier sind die drei wichtigsten Schritte, nachhaltig an deinen negativen Glaubenssätzen zu arbeiten.

Schritt 1: Geschichte finden und erkennen

Hör dir selbst zu und schreib auf, was du dir selbst zu Themen wie Arbeit, Gesundheit, Erfolg, Partnerschaft, Geld, Freundschaft und Zielen erzählst. Was denkst du wirklich darüber?

Welche Sprichworte, die dich unterbewusst leiten, kommen dir in den Sinn?

Ohne Fleiß keinen Preis.

Ein Indianer kennt keinen Schmerz.

Geld verdirbt den Charakter.

Reden ist Silber, Schweigen ist Gold.

Wer schön sein will, muss leiden.

Erst die Arbeit, dann das Vergnügen.

Frag dich außerdem:

Welche innere Überzeugung könnte hinter meinem Verhalten stecken? Achte dabei auf Verallgemeinerungen wie „niemand hört mir zu, wenn ich etwas sage".

Meist gelten diese nämlich nur innerhalb eines gewissen Rahmens, unter anderen Bedingungen wiederum kann das Gegenteil richtig sein.

Schritt 2: Geschichte behalten, ändern oder auflösen

Erkenne, welche inneren Programme dir nicht mehr dienen und hinterfrage sie.

- Woher weiß ich das oder von wem "habe" ich das? (Eltern, Oma, Chef...)
- Ist das heute noch nützlich und förderlich?

- Wie fühlt sich das genaue Gegenteil des jeweiligen Satzes an?

Good-Mood-Beispiele

Erst das Vergnügen, dann die Arbeit.

Ich bin schön, so wie ich bin und schön sein macht Spaß!

Geld fördert meinen großartigen Charakter.

Oder einfach: Ich bin gut so, wie ich bin. Je weniger ich strample, desto bessere Ergebnisse gibt's!

<u>Schritt 3: Regelmäßig wiederholen</u>

Übung macht den Meister!

Siehst du mich zwinkern? Ein Glaubenssatz und ein Sprichwort, das in diesem Fall zutrifft. Wenn du für dich hilfreichere, sich besser anfühlende Glaubenssätze gefunden hast, gilt es, dran zu bleiben und diese so oft wie möglich zu wiederholen. Setz dir dafür Erinnerungen ins Handy, erstell dir Smartphone-Hintergründe oder kleb sie dir an den Spiegel oder Kühlschrank.

Du bist das Bewusstsein, das all das erfährt. Die Gedanken, die dir durch den Kopf schießen, bestehen häufig aus den Sätzen, die du „gelernt" hast.
Lern sie neu.

Während dich deine Gedanken zwar beeinflussen, **bist** du nicht deine Gedanken. Du kannst sie jederzeit ändern, prüfen und immer bewusster mit ihnen umgehen.

Krall dir jetzt dein Notizbuch und einen Stift, wenn nicht längst geschehen, und hol dir den Power-Punch im Power-Punch ab. Die nachfolgenden Fragen in Ruhe zu beantworten, wird dir Gedanken und Bilder hervorrufen, die du wirklich gut gebrauchen kannst.

- Was stört dich gerade an deinem Leben?
- Was möchtest du auf diesem Planeten hinterlassen?
- Was lässt dein Herz vor Freude höher schlagen?
- Was wolltest du schon immer mal tun?

- Was bist du nicht mehr bereit zu akzeptieren?

- Was macht dich besonders?

- Worauf bist du stolz?

- Was macht dich stark?

- Was kannst du dafür tun?

- Wie kannst du ein besseres, schöneres, erfolgreicheres Leben führen?

Und die Frage aller Fragen: Willst Du lieber ein Opfer bleiben oder frei sein?

Es ist Dein Leben – es sind deine Spielregeln.

Fang an, sie zu definieren.

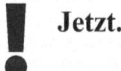 **Jetzt.**

DIE 3 OFF-ROAD STRATEGIEN

Strategie Nr. 1
Anschieben

Strategie Nr. 2
Rausziehen

Strategie Nr. 3
Tiefer graben

Strategie Nr. 1: Anschieben

„Und los! Schieben!"

Mein Vater sitzt am Steuer und gibt das Kommando. Unter dem Motto: „Wer sein Auto liebt - der schiebt", ist es die Aufgabe der Mitfahrer mit auszusteigen und anzuschieben, sollte sich das Auto doch mal festgefahren haben. Damit die mit Schlamm verdreckten Reifen nicht sinnlos durchdrehen, braucht der Wagen einen kräftigen Schub. Während mein Vater Gas gibt, lehnen wir uns mit aller Kraft von hinten gegen das Auto und schieben, bis sich das Auto löst und wir wieder tiefenentspannt einsteigen können.

Wenn ich heute darüber nachdenke, muss ich lachen. Wir waren schließlich Kinder und unsere Muskelkraft hat sicher keinen Unterschied gemacht. Zum Glück waren fast immer starke Männer aus den umliegenden Dörfern oder vorbeifahrende Reisende hilfsbereit. Ich glaube, die meiste Zeit stand ich sowieso daneben und habe mal mehr und mal weniger fasziniert zugesehen.

Mit 13 hat mir mein Vater das Autofahren beigebracht. Aus zwei Gründen: Zur Sicherheit – damit notfalls auch mal ein Kind fahren kann. Außerdem, weil mir in den Ferien unglaublich langweilig war und ich gerne Off-Road-Fahren lernen wollte.

Im G-Benz rückwärts mit Allrad bergauf.
Fand ich damals total normal.
In Deutschland undenkbar.

Kein Wunder, dass mein Fahrlehrer später in Deutschland meinen Fahrstil bemängelt hat und ich durch die erste Prüfung gefallen bin. In Afrika kam's einfach auf andere Dinge an, als auf regelkonformes Anschnallen und geschmeidiges Einparken.

Vielleicht standest du in deinem Leben schon mal an einem Punkt, wo du bereit warst, eine Entscheidung zu treffen. Darüber, wer du bist, wer du sein willst und wo deine Reise hingehen soll. Viele von uns sehnen sich danach, etwas Bedeutungsvolles zu tun, mehr zu erleben und größer zu träumen. Doch die Sehnsucht alleine trägt uns nicht vorwärts.

Hast du dich schonmal gefragt, ob das jetzt alles war, ob es nicht Zeit für was Neues wird und wie und wo du am besten loslegen sollst?

Manchmal bekommen wir vom Leben einen Tritt – damit wir wieder in Bewegung kommen. Die Tritte können alles blitzartig verändern.
Manche davon bringen dir völlig neue Sichtweisen. Krankheit, Scheidung und Jobwechsel sind Beispiele dafür.

Ende 2015 war klar, ich bekomme nicht den Master-Studienplatz, den ich mir so sehnlichst wünschte. Ich hatte fest mit einer Zusage gerechnet und war erschüttert, als die endgültige Absage kam. Meine

Noten waren zu schlecht. Prädikat für einen Moment: nicht gut genug.

Dieser Tritt war vor allem für mein Ego eine echte Herausforderung. Mal wieder das Gefühl der Ausweglosigkeit.

Ich hatte keinen Plan B. Nichts. Ich fiel in ein tiefes Loch aus Frustration, Verzweiflung und Wut. Ich fühlte mich unfair behandelt, schließlich waren meine Noten nur deswegen keine 1,0, da ich mein Studium selbst finanzierte, hart arbeitete, weit pendelte und oft keine Zeit und Energie mehr übrig hatte, so intensiv zu lernen, wie meine Mitstreiter.

So weit „meine Geschichte über mich selbst" damals.

Mit einem ausländischen High-School-Diplom ist es in Deutschland sehr schwer an die Uni zu kommen. Ich hatte für den Bachelor alles aufgegeben und war sicher, ich mache direkt im Anschluss den Master.

Diese unerwartete Niederlage in meinem Lebenslauf wirkte sich nicht nur auf meine mentale Gesundheit aus – sie machte mich körperlich krank. Das wiederum raubte mir jede Power fürs Vorwärtslaufen.

Tief in meinem Inneren hörte ich die Stimme: Denk an das rosa Taschentuch, denk an die erste Regel des Feststeckens: **„Du kommst IMMER wieder raus!"**

Nur wie? Ich wusste, ich brauchte einen großen Push, um neuen Schwung zu finden. Alleine sah ich nur das Negative. Eines Abends erzählte mir eine Freundin, dass ihr Sohn jetzt eine fünf-wöchige Yoga-Lehrer-Ausbildung in Indien macht.

Boom!
Das mach ich auch.

Vier Wochen später flog ich zum ersten Mal allein nach Indien, um eine Yoga-Lehrer-Ausbildung in Süd-Goa zu machen. Ich war absolut kein Yoga-

Profi. Bis dahin kam ich nur ein paar wenige Male in den Genuss eines Fitnessstudio-Kurses.

Indien, besonders Goa, hatte mich schon immer fasziniert. Die Abenteuergeschichten meines Onkels, der in den 70ern dort sein Hippie-Herz auslebte, fesselten mich schon als Kind. Noch weniger Ahnung als von Yoga hatte ich von Meditation und Spiritualität.

Ich spürte aber, dass ich drei Dinge für neuen Schwung brauchte: Bewegung, gutes Essen und neue Impulse. Die Wochen in Indien haben dem rosa Taschentuch noch eins obendrauf gesetzt.

Als am ersten Abend die Sonne wie ein Feuerball am Horizont ins Meer sank, sich das salzige Wasser orange einfärbte und sich der Strand mit Hippies füllte, die zum Sonnenuntergang meditierten, tanzten und lachten, wusste ich, warum Menschen einen Teil ihres Herzens in Goa zurücklassen. Da sind sich Afrika und Indien eben doch sehr ähnlich.

In Indien fand ich nicht nur den nächsten Punch, um aus dem Loch rauszukommen, ich fand den Mut eine neue Straße anzusteuern. Die tiefe Praxis der Meditation und Pranayama (Atmenübung) öffneten für mich ein neuen Zugang zu meiner inneren Welt.

Die Yoga-Bewegungen heilten meinen Körper und gaben mir eine neues Selbstbewusstsein. Zurück in Deutschland lenkte ich um und fand den Mut für zwei neue Lebensabschnitte. Ich fing an, Yoga zu unterrichten und ich liebte es. Außerdem begann ich meine erste Coaching-Ausbildung: die wahrscheinlich beste Entscheidung meines Lebens. Heute bin ich Coach, Mentorin und Beraterin aus Passion und Überzeugung.

Nicht immer kommen solche Impulse zur richtigen Zeit. Manchmal sehen wir die Chancen überhaupt nicht, denn in den Flieger steigen und die Entscheidung treffen, das tatsächlich durchzuziehen, musste ich natürlich selbst. Wärst du dem Impuls, einen Flug zu buchen, auch gefolgt?

Manchmal dürfen wir uns diese Punches selbst kreieren, wenn wir nicht ewig der Einöde folgen, zweifeln und darauf warten wollen, bereit zu werden. Zum Glück sitzen wir selten alleine im Lebens-Auto. Unser Leben ist begleitet von Familie, Freunden, Kollegen, Führungskräften, Mentoren, Gurus, Lehrern, Coaches und vielen mehr.

Jetzt brauchst du möglicherweise ihre Hilfe.
Sie dürfen aussteigen und dich anschieben.

Wie oft vergessen wir, dass es Menschen in unserem Umfeld gibt, die gerne für uns da sind und sei es nur mit einer Buchempfehlung, die dein Leben auf den Kopf stellt.

Mit einem Ratschlag, den du auf Herz und Nieren darauf prüfen darfst, ob er zu deinem neuen Ich passt oder deinen alten Glaubensmustern in die Karten spielt. Vielleicht mit dem Vorschlag, ein Retreat zu besuchen oder Coach XY auf Instagram zu folgen… wer weiß!

KLIENTEN ERFOLGS-STORY

Julia (Name geändert): Als ich Julia kennenlernte, hatte sie gerade einen Burnout überwunden. Sie arbeitete in einer männerdominierten Umgebung und war total unglücklich. Ihr großer Wunsch? Endlich selbstbewusster werden und sich gegenüber der Kollegen behaupten können. Im Unternehmen besser positioniert zu sein und auch als selbstbewusst und eloquent wahrgenommen zu werden.

Nicht mehr unter Druck und Stress klein mit Hut zu sein, sondern eine starke Körpersprache und Wirkung zu haben. Ein positives Mindset zu sich selbst und ganz neue Muster für ihr neues Leben. Was mir (bis heute) so gut an Julia gefällt ist ihre klare Logik und ihr Humor. Julia brauchte einen Power Punch, der ihr ihre wundervolle Persönlichkeit sichtbar machte. Kurz nach Beginn unseres Coachings bekam sie ein unerwartetes Jobangebot von Firma A. Julia war begeistert: „Simone – das ist mein Traumjob", sagte sie.

„Kannst du mir helfen, die Version von mir zu zeigen, die dieses Unternehmen sucht?".

Als Coach hat mir diese Frage nicht gefallen. Julia wollte sich wieder verstellen, um den Anderen zuzusagen. Zum Glück folgte ein weiteres Jobangebot von Firma B.

*„Simone – den Job will ich auf keinen Fall", sagte sie überzeugt. Ok. Perfekt. Da sie eh nichts zu verlieren hatte, schlug ich ihr vor,, im Bewerbungsgespräch 100 % sie selbst zu sein, klar zu formulieren, was **sie** sucht, was sie **nicht mehr** bereit ist, zu tun und just for fun ihre Gehaltsvorstellungen zu verdoppeln.*

Genau das tat sie. Rate mal, wo sie heute sehr glücklich arbeitet.

Mehr Erfolgsgeschichten meiner Kunden kannst du dir hier anhören:

https://simone-zander.de/kundenstimmen/

Strategie Nr. 2:
Rausziehen

Manchmal reicht das Anschieben mit reiner Manneskraft einfach nicht aus. Zusätzliche Verstärkung ist gefordert.

Wenn du meinen Vater fragst, ist so oder so das Beste, das dir passieren kann, ein anderer Fahrer, der dich mit einem zwischen den Fahrzeugen gespannten Seil und ordentlich Zugkraft aus dem Schlammloch zieht.

In Afrika ist es eine ungeschriebene Regel, dass derjenige, der das dickere Auto hat, dem Anderen hilft.

Im G-Benz oder Mercedes LKW waren das fast immer wir. Damals waren die blau lackierten LKW des Missionswerks meiner Eltern ein bekanntes Symbol für schnelle, starke Hilfe, auf die man sich verlassen konnte.

Ein Mensch, der dir seine kraftvolle Hand reicht, dir möglicherweise mit Erfahrung und Fähigkeiten einen Schritt voraus ist und der dich aus deiner Dauerschleife zieht, kann so unendlich wichtig sein.

Jemand, der dir neue Energie gibt, der dich eine ganze Weile mitzieht, dir hilft, dich unterstützt und dem egal ist, wie das Schlammloch genau aussieht.
Boom!
Der Zug deiner helfenden Hand gibt dir neue Power, du kannst wieder Gas geben, denn dein Tank ist voll.

Diese Menschen sind dir mindestens einen Schritt voraus, aber nicht so weit von dir entfernt, dass die Kluft eurer Level zu groß für dein Selbstbewusstsein ist. Sie hilft dir vielmehr, zu wachsen.

Diese Begleiter begegnen dir auf deinen Wegen, halten für dich an und helfen dir kurzerhand, unkompliziert und selbstverständlich. Sie fahren auf ihrer eigenen Route schließlich weiter.

Derlei Begleiter sind nicht dein Partner, deine Eltern oder deine direkte Familie. Diese sind oft zu nah an dir dran, um dich durch so einen Prozess begleiten zu können.

Der richtige Coach/Mentor jedoch kann dein Leben mit dir gemeinsam verändern.

Nachhaltig.

THE POWER OF COACHING

Im Sport ist es normal, einen guten Coach an seiner Seite zu haben. Stell dir die deutsche Fußball-nationalmannschaft mal ohne Trainer vor.

Doch: Wer hat schon für sein Leben, egal ob beruflich oder privat, einen Trainer? Die Antwort ist nicht „niemand"!

Die Antwort ist: die Erfolgreichen.

So einfach ist das Erfolgsgeheimnis gelüftet. Die machen gar nicht alles alleine! Die holen sich Mentoren zur Seite. Ein echter Profi-Sportler wirst du eben nicht nur mit Videos und Anleitungen aus dem Internet.

Nun ist es ja auch kein Geheimnis mehr, dass sich auch mein Leben dank Coaching um 180 Grad gedreht hat. Erst als ich die Hilfe und Expertise von Dritten zugelassen habe, fing ich an, exponentiell zu wachsen. So geht es meinen Coachees heute auch immer wieder. So wie ich mich bilden und pushen lasse, pushe ich auch selbst.

KICK-ASS COACHING

Wenn du meine Kunden fragst, wie es ist, mit mir zu arbeiten, erzählen sie dir ziemlich sicher von einem Arschtritt. Mein Coaching ist kick-ass. Mit meinem Konzept der Power-Punches sehe ich dein Potenzial noch vor dir, verheimliche es dir ganz sicher nicht und schubs dich in deine Träume, wenn es nötig ist.

Mein Job ist es, deine großen und kleinen Ziele zu sehen, wenn du sie noch nicht klar erkennen kannst und dir Zwischensteps leicht zu machen, damit du da ankommst, wo du insgeheim eh hin willst.

Ich höre deine Träume und Visionen hinter deinen Ängsten und Ausreden und helfe dir, weiter zu gehen als je zuvor.

Dieser Prozess ist nicht immer einfach.

Veränderung kommt nicht natürlich oder automatisch – das hast du sicherlich schon mitgenommen.

Deshalb ist es wichtig, sich nicht allein in sich selbst und seinen angestaubten Glaubenssätzen zu verfangen, sondern mit mehreren Augen und Herzen bei der Sache zu sein. Es geht um dein Leben! Was gibt es Wichtigeres als das?

WAS IST COACHING EIGENTLICH UND WO FINDE ICH DEN RICHTIGEN COACH FÜR MICH?

„Woher weiß ich, ob die Qualität eines Coaches stimmt?"

Das ist eine sehr wichtige Frage, denn der Begriff „Coach" ist in Deutschland nicht geschützt. Jeder kann sich also Coach nennen. Als Psychologin und zertifizierter Coach ist es mir deswegen sehr wichtig, dass du jemanden findest, der zu dir passt, aber auch ein gutes Fundament an Wissen mitbringt.

Ich vergleiche den Job des Coaches immer mit dem des Tätowierers. So kann sich nämlich auch jeder nennen.

Es macht aber einen gewaltigen Unterschied, welche Ausbildung und Erfahrung der Mensch hat, der dich dauerhaft verändert. Das Resultat ist entweder ein Meisterwerk oder muss von einem Profi mit viel Arbeit später entfernt oder mühselig überarbeitet werden.

Auf dem Coachingmarkt ist es ähnlich. Nur eine Ausbildung sagt nicht alles aus. Zertifikate,

Erfahrung und die Resultate zeigen dir die Wahrheit. Wie beim Tätowierer auch gibt es im Coachingbereich verschiedene Ausbildungs- und Weiterbildungsmöglichkeiten, aber auch persönliche Präferenzen und intuitive Durchschlagkraft. Sowas wie Talent.

Such dir genau die Person aus, die das macht, was **dir** gefällt. Schau dir die Arbeit an und triff anhand der bisherigen Empfehlungen, mithilfe deines Bauchgefühls und Herzens deine Wahl. Was du als richtig empfindest, ist es für dich auch.

In der Ausbildung fühlte ich mich mit den steifen Vorgaben, Methoden und Strukturen total unwohl. Meine Persönlichkeit konnte damit nichts anfangen. Nach jedem Modul ging ich verzweifelt nach Hause. Ich begriff erst viel später, dass ich in der Ausbildung schon begonnen habe, unbewusst an inneren Blockaden zu arbeiten und mein eigenes System dagegen rebellierte.

Zwei Jahre später investierte ich das erste Mal in einen Business-Coach. Als ich zuließ, dass mich jemand in meine tatsächliche Größe führte, hat sich alles verändert. Mein eigenes Coaching-Business ist explodiert. Ich habe mit jeder Zelle meines Körpers erfahren, was Coaching in Menschen bewirken kann und ich habe dadurch, dass ich mich selbst habe coachen lassen, meinen ganz eigenen Coaching-Stil entwickelt.

Heute kombiniere ich Methoden aus der Ausbildung, meine Expertise aus 15 Jahren Berufserfahrung und meine Intuition, um eine hochwertige, transformative Beratung anzubieten.

Als Coach träume ich die Träume meiner Coachees noch größer. Mit gezielten Fragen hole ich dich aus deinem Feststecken raus, wenn nötig.

„Wo finde ich den richtigen Coach/Mentor?"

Das Wo ist weniger entscheidend, ein guter Coach, der zu dir passt, begegnet dir irgendwo im echten Leben oder online. Etwas in dir wird spüren, dass er der richtige für dich sein könnte. Wenn du einen derartigen Impuls hast, kannst du dir die folgende

Checkliste zu Herzen nehmen:

- ☐ Walk the Talk
- ☐ Proof of Concept
- ☐ Persönliche Weiterentwicklung
- ☐ Werte/Philosophie
- ☐ Professionelle, fundierte Coaching-Ausbildung
- ☐ Energie/Sympathie

☐ **Walk the Talk**: Lebt dein Coach/Mentor das vor, was er/sie predigt? Siehst du Ergebnisse? Passen seine Worte zu seinen Handlungen?

☐ **Proof of Concept**: Was hat die Person vorzuweisen? Dabei sind nicht Zertifikate, Ausbildungen oder Bescheinigungen der entscheidende Faktor. Was zählt sind die Ergebnisse. Ergebnisse sprechen lauter als Worte. Schau dir genau an, was dein neues Vorbild wirklich umsetzt und liefert.

☐ **Persönliche Weiterentwicklung**: Legt dieser Mensch Wert auf seine eigene

Weiterentwicklung? Ich bin 100 % überzeugt davon, dass jeder Coach selbst schon viel Coaching durchlaufen haben sollte. Gutes Coaching lebt davon, erlebt zu werden. Mein Coaching-Business ist das explodiert, als ich selbst das erste Mal richtig intensiv gecoacht wurde. Und es stimmt: Auch deine Kunden sind nur bereit, in dich zu investieren, wenn du selbst bereit bist, in dich zu investieren. Wir kennen dieses Bespiel auch von Kindern. Wenn du willst, dass dein Kind mehr zeichnet, zeichne selbst mehr. Wenn du willst, dass dein Partner mehr Sport macht, lass die Ergebnisse deines eigenen Trainings für sich sprechen.

☐ **Werte/Philosophie**: Wir alle haben ein persönliches Wertesystem. Das Unternehmen in dem du arbeitest, deine Familie, du als Mensch – alle haben, bewusst oder unbewusst, ein Konstrukt aus Werten und/oder Philosophien, die deinem Leben als tragende Eckpfeiler dienen. Oft kannst du diese (gewünschten, nicht immer gelebten)

Werte auf Unternehmensprofilen erkennen. Auch Religion und Kultur schaffen Basis für unsere allgemeinen Werte. Wenn du auf die Suche nach einem passenden Coach gehst, schau auf seine Werte. Frag ihn ruhig nach seiner Vision, seinem Motto. Mein eigenes Business basiert auf den drei Core-Werten: Leadership, Oersonal Growth, Creativity. Diese Werte machen mir meine Entscheidungen glasklar, auch im Business. Wenn eine Anfrage, eine Kunde oder ein Produkt nicht in dieses Wertesystem passen, sage ich ab.

☐ **Professionelle, fundierte Coaching-Ausbildung**: Heute kann jeder Coach werden. Es gibt Ausbildungen zwischen 0 und 10.000 Euro und mehr. Manche davon werden in wenigen Tagen als Praxistage abgeliefert, andere lassen sich komplett online erledigen. Ich kenne sehr viele, sehr gute Coaches, die überhaupt keine Ausbildung haben und Coaches, die perfekt ausgebildet sind und nicht gut coachen. Die

Frage nach der richtigen Ausbildung ist also nicht leicht zu beantworten. Wichtig ist, dass dein zukünftiger Coach ein klares Verständnis davon hat, was Coaching und Beratung oder Supervision unterscheidet und sein Wissen auf ein stabiles Fundament baut. Die besten Coaching-Ausbildungen sind über offizielle, anerkannte Institute zertifiziert. Wichtig ist am Ende vor allem, dass dich dein Coach weiterbringen kann. Das Wie spielt weniger eine Rolle.

☐ **Energie/Sympathie**: Der wichtigste Faktor ist und bleibt deshalb Sympathie/ Verbundenheit. Such dir jemanden, den du sympathisch findest und von dessen Energie du profitierst. Eure Verbindung muss einfach passen. Gute Coaches pushen und fordern dich. Das Feedback wird dir nicht immer gefallen – denn sie bringen dich eindeutig raus aus deiner Komfortzone. Umso wichtiger, dass du deinen Coach auch als Mensch magst und ihr auf einer ähnlichen Welle surft.

„Der beste Weg, um herauszufinden, was wir wirklich brauchen, ist, das loszuwerden, was wir nicht brauchen."

Marie Kondō

Strategie Nr. 3: Tiefer graben

Deine äußere Wirkkraft und Power werden stärker, wenn du dich traust, nach innen zu schauen und dich selbst richtig aufzuräumen. Aber auch das Außen spielt eine Rolle, mit der du unbedingt starten darfst.

VIER TO DOS & ERKENNTNISSE, DIE DU MITNEHMEN DARFST, UM TIEFER ZU GRABEN.

Unsere Leben sind nicht nur zeitlich und somit emotional völlig überfrachtet mit Gedöns, das wir nicht brauchen.

Unsere Wohnung und Keller sind bis in letzte Ecke vollgestopft mit Gegenständen, die wir schon seit Jahren nicht mehr benutzt haben.

Wir haben mehr Fahrräder, als wir selbst fahren könnten, ungetragene Klamotten und unbequeme Schuhe im Schrank, alte CDs und DVDs in löchrigen Kartons (obwohl wir sie meistens nicht mal abspielen könnten, weil uns die Player dafür fehlen), verstaubte, langweilige Bücher, die keiner nochmal lesen wird und Schubladen voller Kleinteile, die wir nie nutzen und von denen wir manchmal nicht mehr wissen, was sie überhaupt sind.

Kein Wunder also, das wir keinen Platz für was Neues haben. Wir schaffen uns selbst unsere Routinen, Gewohnheiten und Gewohnheits-gegenstände und wenn es Zeit für was Neues wird, kommen wir nicht los. Solange die Komplexität des Lebens reibungslos abläuft, ist alles prima. Schwierigkeiten entstehen, wenn es dann mal regnet. Unnötiges Geröll macht dir die Straßen nur noch gefährlicher.

AUSMISTEN FÜR DIE SEELE

Ich werde oft gefragt, was der beste, erste Schritt ist, um in Bewegung zu kommen. Ich sag dir was ganz Simples:

Ausmisten!

Um klar zu denken, brauchst du Platz – psychisch und physisch. Innen und Außen. Weil die Innenarbeit immer etwas mehr seelische Ausdauer benötigt, empfehle ich, mit dem Außen zu starten:

Raus mit allem, was dir nicht mehr dient. Fang mit einem Schrank an und arbeite dich durch die verschiedenen Zimmer, Schubladen und Regale deiner Wohnung. Vergiss den dunklen Keller und die Garage oder das Gartenhäuschen nicht. Ich bin absolut sicher, dass du überall etwas findest, das längst weg kann.

Weniger Kram schafft Raum fürs Denken und Fühlen. Du wirst dich leichter und kreativer wahrnehmen, da du viel weniger abgelenkt wirst.

Ein zusätzlicher Vorteil: Wer weniger hat, muss weniger aufräumen und es kommt zu weniger Streitigkeiten mit dem WG-Bewohner oder Lebenspartner.

Das spart Zeit, Kosten und Energie. Es entsteht ein wundervoller Leerraum, den du endlich mit Neuem füllen kannst. Berufliche Entwicklung, Freundschaften, Beziehungen, Träumen zum Beispiel.

Dahinter steckt ein tiefgreifendes psychologischens und philosophisches Konzept: Loslassen, Entscheidungen treffen, Prioritäten setzen und Veränderung bewusst zulassen und leben.

Durch das Loslassen von kleinen Dingen, trainierst du deine Fähigkeit, große Entscheidungen zu treffen.

Simone Zander

Wo soll ich das aufheben? entwickelt sich zu: *brauch und will ich das wirklich noch?*

Aussortieren bringt dich zurück auf deine Ziele und hilft dir, auch innere Klarheit zu finden.

„ICH HABE KEINE ZEIT" – ERKENN DIE WAHRHEIT

Diesen Satz kannst du für immer aus deinem Leben streichen. Wir alle haben Zeit – 24 Stunden pro Tag.

Wie du sie einteilst, aufteilst und verbringst ist deine persönliche Entscheidung. „Ich habe keine Zeit" bedeutet, es ist gerade keine Priorität. Zeit ist das Wertvollste, das du hast und es gilt, dieses kostbare Geschenk dankbar anzunehmen und „sinn-voll" (bereichernd) zu füllen.

Ich habe schon als Kind die Zeit gehasst. Schon als ich vier Jahre alt wurde, wollte ich einfach nicht älter werden. Auch heute noch sind meine Geburtstage was Melancholisches für mich – weil ich merke, wie schnell die Zeit in diesem endlichen, wunderbaren Leben mit all seinen Möglichkeiten und Wundern vergeht.

Früher habe ich auch immer behauptet, keine Zeit zu haben. Mein Leben hat sich bedeutend verändert, als ich die Falschheit dieses Satzes begriffen und korrigiert habe.

Ich habe mir selbst die Kontrolle über meinen Kalender, meine Pläne und meine Entscheidungen zurückgegeben.

DANKBARKEIT - MITTEN IN DER HERAUSFORDERUNG

Ich kann mich an einen Heimweg erinnern, der mich total gestresst hat. Ich wollte irgendwann nur noch Zuhause ankommen. Ab der sechsten Klasse war ich in Kenia auf einer neuen Schule. Meine Eltern lebten in Uganda. Der Heimweg von 1.200 Kilometern dauerte immer zwei volle Tage. Den ersten Tag der Strecke legten wir in einem alten Peugeot Kombi zurück. In der Hauptstadt Kampala übernachteten wir und fuhren am nächsten Tag mit einem anderen Auto weiter. Auf diesem Teil der Strecke brauchten wir mehr Off-Road-Power als auf dem ersten. Dieses Mal waren wir mit zwei Fahrzeugen, G-Benz und einem LKW im Konvoi unterwegs. Ich saß freiwillig auf der Ladefläche des LKW und genoss die Abenteuerluft um meine Nase.

Die Strecke führte durch eine von Milizen besetzte Region. Mitten in dieser kritischen Umgebung platzte der Kühler des LKW. Feststecken ohne Schlammloch heißt: Langes Warten auf eine Reparatur oder ein Ersatzteil, das irgendwo besorgt werden musste. Frustration ist vorprogrammiert.

Weil das Risiko dieses Gebiets aufgrund des bevorstehenden Sonnenuntergangs nicht kleiner wurde, entschieden wir, den LKW stehen zu lassen, weiter zu fahren und am nächsten Tag ein Ersatzteil zu organisieren, dann zurückzufahren und den LKW zu reparieren. So quetschten sich drei zusätzliche

Personen in ein ohnehin schon volles Auto. Zu sechst fühlten wir uns wie Hennen in der Legebatterie.

Sind ja nur noch zwei Stündchen bis nach Hause.

Dachten wir.

100 Kilometer vorm Ziel platzte uns ein Reifen.

Wir wechselten. Gott sei Dank hatten wir Ersatz dabei.

Kurz nachdem wir weiterfuhren, platzte der nächste Reifen.

Als 16-jähriges Pubertier war ich einfach nur unglaublich genervt.

Kein Bock mehr auf Abenteuer.

Unter innerer Anspannung kamen wir weit nach Sonnenuntergang mit dem geflickten Reifen Zuhause an. Müder, aber unversehrt, wie immer.

DIESEN OFF-ROAD-TEIL ERZÄHLE ICH DIR DESHALB, WEIL DU NICHT IMMER BOCK AUF DAS NÄCHSTE ABENTEUER HABEN WIRST.

Selbst wenn du schon mittendrin bist, kann es sein, dass dich der Mut verlässt. Erst recht wenn Schwierigkeiten aufkommen. Wir sehnen uns nach der Bequemlichkeit zurück und vergessen dabei, den Moment bewusst wahrzunehmen und in ihm schon jetzt das Learning und die spätere Erinnerung zu sehen, die die Herausforderung in Zukunft sein wird.

Diese Momente schreiben unser Leben. Sie feilen uns. Sie prägen uns. **Wie,** das entscheiden wir viel mehr mit, als wir manchmal glauben.

Ich wünschte heute, ich hätte mich damals nicht so sehr über diese Afrika-Abenteuer geärgert, sondern den Zauber mitten im Trouble gesehen. Ich bin dankbar, den Wert heute sehen zu können. Oftmals sind wir eben zu gewissen Lebensphasen einfach noch nicht so weit.

Du kannst das ab heute ändern.

Wenn dir das Leben mal wieder
auf den Geist geht,
sei dankbar dafür.

Es könnte sein, dass eine
wichtige Erinnerung daraus
wird, die du später gerne
erzählst.

SELBSTBEWUSST SEIN - DIE BASIS

Es gibt diese eine Eigenschaft die manche Menschen von der Masse abhebt. Diese Menschen betreten mit Präsenz und Power einen Raum. Die sind da, bevor sie die Türschwelle ganz überschritten haben. Ihr Lachen. Ihr Wirken. Sie ziehen andere Menschen augenscheinlich wie von selbst in ihren Bann.

Diese Eigenschaft ist schwierig zu bestimmen, aber leicht zu erkennen. Wenn du sie hast, kannst du es mit der Welt aufnehmen und bist unbesiegbar, wenn nicht bleibst du in dem Loch deiner Potenziale stecken. Die Rede ist von Selbstbewusstsein.

Kennst du dieses beklemmende Gefühl? Die Angst, dich dumm oder aufgeblasen anzuhören wenn du dich zu Wort meldest? Das Gefühl, dass deine Erfolge nur Glück und Zufälle sind und somit unverdient? Die Angst, deine Komfortzone zu verlassen, weil es riskant, schwierig oder aufregend sein könnte? Genau diese Ängste hielten mich viele Jahre davon ab, das Leben zu leben, das ich wollte.

Schon in der Schule hasste ich es, vor einer Gruppe laut vorzulesen und ließ diese Angst immer größer werden, bis ich mich weigerte, mitzumachen, statt es einfach zu lernen. Denn ja, auch Selbstbewusstsein kann man lernen.

In meinen Coachings, Workshops oder nach Speaking-Gigs höre ich oft:

„So selbstbewusst wie XY kann ich nie werden!"

„Das bin ich einfach nicht."

„Das ist nicht meine Art."

Überall begegnen mir kluge Frauen mit großartigen Ideen, die sich in Besprechungen zurückhalten. Leidenschaftliche Frauen mit einem besonderen Maß an Führungsqualitäten, die nicht für sich selbst einstehen können, Unternehmerinnen die ihre Produkte nicht „verkaufen wollen".

! STOP IT!

DAS MUSS NICHT SEIN.

ES GEHT AUCH ANDERS UND DAS AUF DEINE GANZ INDIVIDUELLE WEISE.

Wissenswertes:

! Eine Studie der University of California fand heraus, dass vor allem in westlichen Ländern die Lücke zwischen dem selbstbewussten Mann und der selbstbewussten Frau im Vergleich zu anderen Ländern, auch Entwicklungsländern mit höherer Geschlechter-Ungleichheit, eher hoch sei. (Wiebke Bleidorn, Professorin an der University of California)

Stell dir vor, was du über die Jahre nicht gesagt oder getan hast, weil du selbst an dir gezweifelt hast. Lag es an einem zu kleinen Selbstbewusstsein? Gut möglich. Ohne Selbstbewusstsein und Selbstvertrauen bleiben wir im Sumpf unsere unerfüllten Wünsche und Träume stecken und lassen uns ständig neue Ausreden einfallen, bis wir endgültig im Schlammloch festgetrocknet sind.

Wäre es nicht großartig, das, was du dich angeblich nicht traust, endlich über Board zu werfen und es einfach auszuprobieren? Gut! Dann ab in's Trainings-Camp mit dir.

Das Trainings-Camp für dein Selbstbewusstsein

Lass uns deinen Selbstbewusstseins-Muskel trainieren!

Wie im Gym bekommst du hier die Technik erklärt, die neue Übungsroutine gezeigt und einen Trainingsplan, der für alle Trainingsstufen als Neu- oder Wiedereinstieg gut geeignet ist.

Genau wie im echten Leben reicht es natürlich nicht, nur einmal im Jahr den Fuß ins Fitnessstudio zu setzen, wenn du deinen Traumkörper erreichen möchtest. Es geht um Disziplin, Übung, Schweiß, Muskelkater und vor allem darum, den eingeübten, inneren Schweinehund zu motivieren, das Sofa (deine Komfortzone) zu verlassen.

Die Begriffe Selbstbewusstsein, Selbstvertrauen und Selbstwertgefühl (Selbstwert) werden von vielen Menschen verwechselt.

Selbstvertrauen-Loop

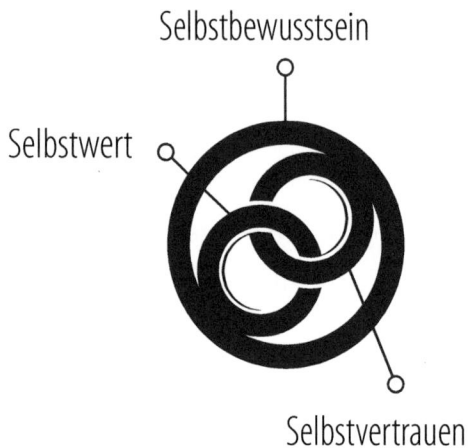

Selbstbewusstsein

Selbstwert

Selbstvertrauen

SELBSTBEWUSSTSEIN

Der Speaker auf der Bühne sagt: „Selbstbewusstsein ist: sich selbst bewusst sein."

Ich sitze im Publikum und knirsche mit den Zähnen.

Ernsthaft, bitte nicht schon wieder diese Erklärung.!

Total abgedroschen.

Aber – leider wahr.

Selbstbewusstsein ist die Fähigkeit, sich selbst wahrzunehmen. Dazu gehört, die eigenen Handlungen zu hinterfragen und zu reflektieren. Selbstreflexion ist der erste Schritt zur Besserung, weißt du noch?

Erst wenn du weißt, aus welchen Gründen du dich wie verhältst, was du brauchst und was dir schadet, kannst du anfangen, dich durch regelmäßiges Training zu verändern. Selbstbewusstsein ist auch das, was andere dir ansehen. Deine Körpersprache, deine Stimme und die Worte, die du verwendest, um deine Welt zu beschreiben und zu definieren. Das Ziel in meiner Arbeit ist, dir zu zeigen, wie du wirkst, wie du dich selbst wahrnimmst und was du tun kannst, um diese zwei Bereiche miteinander zu verbinden und ganz natürlich zu pushen.

Der einfachste Weg an deinem Selbstbewusstsein zu arbeiten ist an deiner Wirkung zu arbeiten.

Körpersprache und Stimme sind die Ansatzpunkte dafür. Eine Veränderung dieser beiden Dinge sorgt für neue Reaktionen aus dem Außen und die wiederum bestärken dich positiv. Mit der Zeit vertieft sich dieser Glauben an dich selbst und wird für dich ganz normal.

Nur, wenn du wirklich von dir selbst überzeugt bist, wirst du auch überzeugend wirken. Für deine Ideen, dein Business, deine Geschichten.

SELBSTVERTRAUEN

Das Gefühl, alles erreichen zu können, was du dir vorgenommen hast. So mächtig!
Und leider oft Mangelware, vor allem bei uns Frauen.

Selbstvertrauen ist das Vertrauen in sich selbst, seine Fähigkeiten und seine abrufbare Power.

Es ist nicht so, dass Frauen nicht die Fähigkeiten haben, um erfolgreich zu sein, das Problem ist, dass sie nicht glauben, erfolgreich sein zu können.

Das wiederum hindert sie daran, es überhaupt zu versuchen.

Wenn du dir etwas nicht zutraust, kann das durchaus aus alten Kindheitserfahrungen rühren. Wer erlebt oder mitgeteilt bekommt, dass er nicht gut genug ist oder irgendwie „merkwürdig", ist anfällig dafür, eine innere Stimme zu entwickeln, die kein freundliches Wort für ihn/sie übrig hat.

Auch der Drang, alles perfekt zu machen und kein Risiko einzugehen, ist ein großer Stein im Weg nach oben. Statt deine kostbare Zeit damit zu verbringen, dich zu fragen, ob du gut oder kompetent genug bist, solltest du mehr Zeit damit verbringen, an dich und deine Skills zu glauben und ins Tun zu kommen. Kompetenz hast du mehr als genug – versprochen!

SELBSTWERT

Ein positiver Selbstwert führt zu mehr Zufriedenheit und Gesundheit im Leben. Er lässt dich ein völlig anderes Leben führen. Der Begriff „Selbstwert-gefühl" ist als Gefühl etwas irreführend, denn eigentlich handelt es sich um eine Fähigkeit, die du trainieren kannst!

Die Stimme in deinem Kopf lässt nicht locker? Nicht gut, jung, alt, erfahren, klug, schnell, laut, leise, besonders... genug?

Dein ganzes Leben erzählt sie dir schon, dass du irgendwas nicht kannst? Da brauchst du eigentlich keine Feinde mehr. Den Bullshit, den wir uns über uns selbst erzählen, würden wir einem anderen Menschen niemals zumuten.

Diese innere Stimme kann zum Glück sehr freundlich sein. Sie kann dich ermutigen und aufbauen.

„Das kriegst du schon hin"!

„Das ist nicht so schlimm."

„Fehler machen doch alle!"

„Das wird so oder eine spannende Erfahrung."

Solche Dialoge lassen dich automatisch Mut und Kraft **ausstrahlen,** weil sie Mut und Kraft **geben.**

Fokus verschieben hilft: In der heutigen Zeit lassen wir unseren Selbstwert manchmal von äußeren Faktoren beeinflussen: Status, Geld, Job, Urlaub, Aussehen, Follower…

POWER-PUNCH
Selbstbewusstsein stärken

Diese Dinge kennzeichnen aber nicht, wer du im Kern wirklich bist. Trainier mit diesen Fragen immer mal wieder deinen Selbstwertmuskel:

- Wer bin ich, abgesehen von den Dingen im Außen, von Papier und Zahlen und Plastik?
- Welche Werte definieren mein Leben, wenn ich gerade keine Rolle erfülle?
- Was kann ich alles richtig gut?
- Für welche Erfolge bin ich besonders dankbar und worauf sehr stolz?

Mach außerdem so oft wie möglich etwas, das außerhalb deiner Komfortzone liegt. Fang klein an und steigere das unbehagliche Gefühl. Du wirst sehen, wie dich dieses Training verändern wird.

DIE KOMFORTZONE WIRKLICH VERLASSEN. NICHT NUR EIN BISSCHEN.

Wir alle kennen sie, die wunderbare Komfortzone. Wie ein bequemes Sofa, halbwegs sicher und meistens bequem. Sie zeigt sich in vertrauten Orten, Handlungen und Menschen um dich rum. Der Alltag ist eine eingespielte Wiederholung von Mustern und Gewohnheiten. Du bist in Kontrolle. Herrlich. Nicht?

Das Ende dieser Zone ist dort, wo eine Handlung Mut, Anstrengung und/oder Überwindung erfordert. Genau hier entstehen Angst, Unsicherheit und Unruhe. Wer bereit ist, diese Zone zu verlassen, erlebt oft ein Gefühl des Kontrollverlusts.

Dieses Gefühl der fehlenden Kontrolle kenne ich vor allem von Vortragssituationen oder der Bühne. Ich kann nicht mehr kontrollieren, was genau ich sage – es kommen einfach Wörter raus und leider nicht die, die ich explizit vorbereitet habe. Meine Gestik und Bewegung ist willkürlich und ich kann nicht klar denken. Kein schöner Zustand.

Fakt ist, Angst überwindest du nur, indem du durch sie hindurch gehst. Auf der anderen Seite von Angst liegt erst wieder deine Selbstkontrolle – und schließlich ein enormes Gefühl von Freiheit.

KLIENTEN ERFOLGS-STORY

Davids (Name geändert) Angst vor Menschen zu sprechen war so groß, dass er für seine Komfortzone schon auf Beförderungen und Job-Chancen verzichtet hat, denn Public Speaking war in den Job-Anzeigen enthalten. Seine aktuelle Position war nun gefährdet, denn um in seinem Unternehmen weiter zu bestehen, musste er einen 15-Minuten-Vortrag vor der höchsten Entscheiderebene halten. Es gab keinen Weg, diesen Vortrag zu umgehen. Er musste da durch. Die Angst davor, diese Komfortzone zu verlassen, lähmte ihn. Als er in mein Coaching kam, war mir sofort klar: David braucht einen Power Punch. Freiwillig geht er nicht weiter.

Wir hatten nicht viel Zeit, da der Vortrag nur zwei Wochen entfernt war. Ich wusste aus der langjährigen Coachingerfahrung heraus, dass David ein Gefühl der Selbstkontrolle brauchte, um mit der Angst umzugehen. Kontrolle darüber, was er sagt, damit kein Black-Out entsteht und er professionell, eloquent und souverän wirkt. An zwei intensiven Coaching-Tagen half ich ihm, eine klare Struktur und Story für seinen Vortrag zu entwickeln, sein Lampenfieber zu hemmen und seine Körpersprache und Stimme selbstbewusst einzusetzen. Es kostetet ihn Kraft, diesen ersten Schritt zu wagen, doch es lohnte sich.

David rief mich nach seinem Vortrag überglücklich an. Es war super gelaufen. Nicht nur, dass ein aktueller Job gesichert war. Er hatte eine Aussicht auf Beförderung und – und das wird ihn für immer begleiten – Spaß am Vortragen!

Teil 3

DIE WEITERFAHRT

„Papa - sind wir bald daaaaaaaaa?"

Gott sei Dank. Endlich gehts weiter. So sehr ich den ersten Adrenalinkick des Steckenbleibens liebte, so dankbar war ich, wieder einsteigen zu dürfen und weiterzufahren.

Wenn du meine Methoden anwendest, ist dir ein toller Erfolg ziemlich sicher. Du traust dich, was dir vorher unmöglich schien und **BOOM!** Weiter geht's. Eine Zusage, ein Ja, ein positives Feedback entstehen möglicherweise. Aufwind. Antrieb. Rückenwind entsteht. Dein ganzes System fährt mit neuer Energie, mit neuem Treibstoff weiter.

Mal angenommen, du hast dich gerade erfolgreich aus dem letzten Schlammloch freigeschaufelt. Was ist der nächste, sinnvolle Schritt für deine Weiterfahrt?

Vorbereitungen für die Weiterfahrt

Mein Vater hat mir beigebracht, gut vorbereitet zu sein. Zu Weihnachten gab es für uns Kinder Geschenke wie Taschenlampen oder Schweizer-Taschenmesser.

Auf unseren tagelangen Autoreisen erzählte er gerne diese Geschichte: In seinen ersten Jahren in Afrika, Ende der 70er, hatte er mal ein schweren Autounfall, der ihn fast das Leben gekostet hätte.

Er hatte eine schwere Gehirnerschütterung nach einem heftigen Aufschlag, der außerdem seine Wasserflasche zu Bruch gehen ließ.
Nach einigen Tagen ohne sauberes Trinkwasser, fing sein Herz an zu rasen. Sein Körper ging in den Überlebensmodus. Mein Vater fürchtete sich tatsächlich – zu Recht.

Sein Unfall ging gut aus, hat ihm aber eine wichtige Lektion erteilt: Sei vorbereitet. Das Resultat? Unsere Familie wurde mit Metallflaschen ausgestattet, die absolut bruchsicher waren. Beschwerten wir uns über das lauwarme Wasser aus den Flaschen, erzählte er uns diese Geschichte.

Heute wirst du mich niemals ohne eine unkaputtbare Wasserflasche antreffen und im Urlaub stocke ich auf. Die Big-3-Zander-Survival-Essentials: Taschenlampe und Moskitonetz kommen dazu.

Für dich gibt's deshalb gleich die Big-5-Potential-Survival-Essentials.

Finger weg von Abkürzungen!

Vorsicht war immer geboten, wenn mein Papa freudvoll sagte: „Oh, das ist bestimmt eine Abkürzung…".

Fast jede dieser ach so zauberhaften Abkürzungen ließen uns in viel längeren Umwegen landen. Diese Erfahrung machte ich als Kind auch beim Wandern immer wieder, denn meine Mama ist Schweizerin.

Als „gute Schweizer" haben wir, wenn wir alle paar Jahre mal in Europa waren, immer Zeit in den Alpen verbracht. Meine Mutter liebt ihre Berge und es war Pflicht, mit ihr Wanderungen zu machen.

Notiz am Rande – was für Schweizer „Wandern" ist, ist für den Rest der Menschheit „Bergsteigen" und für meine Mutter ein Spaziergang in Birkenstock-Sandalen.

Meine Brüder und ich träumten davon, mit der Gondel hochzufahren, aber nein, wir durften die Berge hoch- und runter laufen. In einer Zeit vor Smartphone und Navi musste ich als Kind auf die Orientierung meiner Eltern vertrauen. Wie ich es hasste, wenn mein Vater dann auf seine geliebter „Abkürzung" zusteuerte. Auch wenn auf diesen Umwegen im Nachhinein schöne Erinnerungen entstanden sind.

Heute vergleiche ich diese Abkürzungen gerne mit den schnellen Versprechen rund um Erfolg, Schönheit oder Glück. Online wirst du überrollt von Experten, die dir erklären, wie du über Nacht reich, schlank, berühmt oder alles zusammen wirst. Zugegeben, ich habe diese ganzen Angebote nie ausprobiert, vielleicht funktionieren sie also doch. Aber ich bin der absoluten Überzeugung, dass Abkürzungen nur Symptome behandeln, nie den Kern ausräumen.

Da teile ich die Meinung meiner Mentoren. Erfolg ist eine Prozess. Schritt für Schritt. Mal bleibst du hängen und erlebst Niederlagen und mal rollt der Rubel wie von selbst. Du wirst vom Leben daraufhin geprüft, ob du deinen Erfolg wirklich willst oder ein Teil in dir schnell aufgeben will.

Wenn du dich dabei ertappst, wie du eine Abkürzung suchst, nicht um effektiver zu arbeiten, sondern um schnell irgendwo anzukommen, ohne ein tieferliegendes Problem zu beheben: Halt inne. Mach dir lieber Gedanken darüber, was genau dich davon abhält, dein Ziel zu erreichen oder das Problem zu lösen.

"Gras wächst nicht schneller,

wenn man daran zieht".

Es dauert zehn Jahre, den „over night success" zu erreichen. Betrachtest du auf Social Media und Co mögliche Vorbilder, siehst du nur ihre finalen Erfolge, selten aber den Weg dahin. Die Energie und den Fokus, Schweiß und Mut, den nicht jeder bereit ist, aufzuwenden. Durchzuhalten.

All diese Menschen haben Fehler gemacht und meistens andere um Hilfe gebeten. Sie haben **nie** die Sicht auf ihre Visionen verloren – deswegen sind sie heute erfolgreich. Schau dir also die letzten 10 Jahre dieser Personen an, dann weißt du, wo du in 10 Jahren stehen kannst, wenn du mutig jeden Tag vorwärts gehst.

Step by step. Denn du kannst das auch.

Die Big-5-Potential-Survival-Essentials

1. Look Back

2. Lerne, Fehler zu machen

3. Hör auf dein Bauchgefühl

4. Ziele richtig setzen

5. Einfach machen!

Mit jeder Panne lernen wir dazu. Im besten Fall.

Wie?

Indem du zurückblickst und erkennst, was du für die Zukunft noch besser machen kannst.

Logisch – right?

Wie oft nimmst du dir im Leben wirklich Zeit, mit Struktur und Klarheit auf den letzten Abschnitt zurückzuschauen und daraus bewusst zu lernen?

Jetzt denkst du vielleicht: *Simone! Natürlich lerne ich aus meinen Fehlern. Das ist doch normal?! Hinterher bin ich immer klüger.*

Leider nein. Tatsächlich neigen wir dazu, uns retrospektiv zu überschätzen. Oder anders gesagt: Wir interpretieren solange unsere ursprüngliche Aussage um, bis sie zum tatsächlichen Ereignis passt... also die Verzerrung einer Erinnerung durch nachträgliche Einsicht (Stangl, 2020).

Hindsight Bias nennen Psychologen dieses Phänomen – zu Deutsch: den Rückschaufehler. Der „Look Back" darf also „richtig" stattfinden.

1. LOOK BACK

Warum wir selten positiv aus Fehlern lernen – und wie du das ändern kannst.

Die Verzerrung der Erinnerung von deinen Erlebnissen hat eine fatale Auswirkung auf deine Fähigkeit, aus diesen Erfahrungen zu lernen. Es führt dazu, dass du hinterher nicht in der Lage bist, Umstände und Gründe, die zu dem Ereignis geführt haben, richtig zu beurteilen.

Ein typisches Beispiel für dieses Phänomen: „Ich hab's euch gleich gesagt!"
oder
„Damit konnte ja niemand rechnen."

Der beste Weg aus diesem Kreislauf, sich selbst seine bisherigen, alten Glaubenssätze immer wieder zu beweisen, auszubrechen, ist ein bewusster Blick zurück.

Ein super Moment zurückzuschauen ist das Jahresende. Ich nehme mir jedes Jahr zwei bis drei Tage nur für die Reflexion des Jahres Zeit. Ich trage alle meine Zahlen zusammen, denn Zahlen lügen nicht und zeigen dir deinen Prozess.

Ich schreibe Erfolge, Niederlagen und Learnings auf, schaue mir alte Videos an, höre meine Podcasts an und frage Freunde, Mentoren und Kunden nach Feedback.

Wir überschätzen das, was wir in einem Jahr schaffen können und unterschätzen das, was wir in drei Jahren erreichen können.

Ich bin immer überrascht, wenn ich 12 Monate reflektiere und sehe, wieviel sich getan hat, während ich wie wir alle im Tempo des Alltags den Überblick über meine Leistungen und Entwicklungen verliere.

Hier sind fünf Fragen, die dir helfen können zurückzuschauen. Spätestens am Ende jedes Jahres, aber gerne auch mittendrin.

„Man kann auch auf einer Leiter, deren Sprossen aus Niederlagen bestehen, schön nach oben klettern."

Konstantin Wecker

POWER PUNCH

5 Fragen für ein starken Look Back

1. Was habe ich dieses Jahr (Woche/Monate) erlebt, erschaffen oder getan, worauf ich richtig stolz bin?

2. Welche Fähigkeiten, Fertigkeiten oder Kenntnisse habe ich mir angeeignet, die ich vor einem Jahr noch nicht hatte?

3. Welche Person habe ich kennengelernt, die mein Leben besonders bereichert (hat)?

4. Was war meine größte Enttäuschung? Und was kann ich jetzt rückblickend Positives darin sehen?

5. Welche Fehler habe ich gemacht?

2. DIE KUNST, GUTE FEHLER ZU MACHEN

Scheitern ist schick. Nur leider nicht in Deutschland. Fehler machen gilt in unserer Kultur als Makel. Deshalb geben wir meistens alles, keine zu machen, statt alles in unsere Träume zu investieren.

Aus Fehlern wird man klug, heißt es. Fehler sind der schnellste Weg, zu wachsen. In der Realität mögen wir es überhaupt nicht, daneben zu liegen. Niemand gesteht sich gerne ein, eine falsche Entscheidung getroffen oder etwas falsch eingeschätzt zu haben. Wir erreichen lieber kleine Ziele als die großen zu verfehlen – um Schmerz und Ärger zu vermeiden. Dabei ist es unausweichlich, Fehler zu machen. Die, ganz nebenbei bemerkt, oft zu großartigen Entdeckungen führen, die du ohne sie nie machen würdest.

Damit du durch deine Niederlagen wachsen und gestärkt aus ihnen hervorgehen kannst, brauchst du ein Bewusstsein und einen guten Umgang damit. Der Schlüssel liegt darin, zu erkennen, dass wir einen Fehler gemacht haben und die Situation neutral zu betrachten. Erkenne, dass du als Mensch kein Versager bist, sondern das Versagen nur deine Handlung. Erzähl dir nicht, du seist ein Versager. Bist du nicht! Du hast halt einen Fehler gemacht.

Fehler definieren dich nicht als Person oder deinen Charakter. Wer es schafft, die Niederlage von dem eigenen Selbstwert zu trennen, kann für die Zukunft besser mit einer „Niederlage" umgehen.

Auf dein Bauchgefühl zu hören, hilft dir dabei ebenfalls.

Ja, nein, vielleicht?

Kennst du das: Du stehst vor einer wichtigen Entscheidung, dein Bauchgefühl sagt klar **nein** – aber du vertraust auf deinen Verstand und machst es trotzdem. Mit dem Ergebnis, dass du besser auf dein Herz, dein Bauchgefühl hättest hören sollen…?

Intuition ist Wissen. Sie wird nur nicht als das erkannt. Wieso? Weil sie nicht greifbar ist. Sie folgt keiner Logik und bedient sich keiner Fakten. Der Gegenspieler, dein Verstand oder auch dein analytisches Denken, ist für uns bewusst greifbar und zugänglich. Wenn du eine Entscheidung triffst, kannst du beobachten, wie du das auf Grundlage von Pro- und Kontra-Denken sowie deinen bisherigen Erfahrungswerten tust. Deine Bauchgefühl hingegen taucht einfach auf, auch aus dem Nichts, manchmal. Das führt dazu, dass wir unseren Verstand überschätzen und unsere Intuition unterschätzen.

Psychologen unterscheiden zwischen zwei Denkprozessen: schnell und langsam. Auf unser Gehirn strömen sekündlich viel mehr Informationen ein, als es verarbeiten kann.

Unsere Intuition ist das System des schnellen Denkens. Es verarbeitet schnell und wie von selbst. Unser Verstand braucht viel länger und hat weniger Kapazitäten frei. Wenn deine Intuition also schon weiß, wie du dich entscheiden solltest, ist dein Verstand dabei, zu verarbeiten.

Für jedes System gibt es die richtige Anwendung. Entscheidungen, die Logik, Strategie oder Genauigkeit erfordern, machen das langsame Denken sinnvoll. Komplexe Entscheidungen, die unter Zeitdruck und mit Analysebedarf getroffen werden dürfen, solltest du schnell und intuitiv entscheiden können.

Deine Intuition basiert zum großen Teil auf Erfahrung. Sie erkennt Muster und versucht, diese zu wiederholen. Das bedeutet aber auch, dass dein

Bauchgefühl voreingenommen ist, wenn es darum geht, neue Wege zu gehen. Wenn du in deiner Vergangenheit in einer bestimmten Situation eine negative Erfahrung gemacht hast, kann es sein, dass dich dein Bauchgefühl schützen will und du das gleiche Muster wiederholst. Gerade bei dem Wunsch, etwas Neues zu starten, ist es deshalb manchmal wichtig, den Verstand mit einzuschalten.

POWER PUNCH
Deine Intuition erkennen

1. Ein plötzliches Gefühl von Angst oder Furcht (ohne Zusammenhang). Oft erkennbar an einer Körperreaktion wie ein Kribbeln im Bauch, veränderte Atmung, Schwitzen, Herzrasen…

2. Der plötzliche Drang, etwas zu tun – wie ein Push oder ein Ziehen

3. Gänsehaut oder "Kribbeln" der Wirbelsäule, Schüttelfrost

4. Übelkeit, Unwohlsein, Schwindel

5. Eine innere Stimme, die mit dir spricht

6. Eine Antwort aus der Tiefe

4. ZIELE RICHTIG SETZEN, MOTIVIERT BLEIBEN

Damit deine Erkenntnisse aus diesem Buch und deine neuen Strategien, um endlich endlich neue Ziele zu erreichen nachhaltig wirken, ist es wichtig, zwischen zwei Arten von Zielen zu unterscheiden.

Lernziel

und

Leistungsziel

Leistungsorientierte Ziele sollen ausschließlich deine Leistung in einem speziellen Bereich verbessern. Diese Verbesserung ist extrinsisch, also von außen, motiviert. Oft bleibt deswegen die Selbstbestätigung aus.

Wer sich beim Lernen vor allem auf das Ergebnis konzentriert (Leistungsziel), läuft Gefahr, seine Aufmerksamkeit nicht halten zu können, was wiederum zu Besorgnis führen kann.

Dein Selbstbewusstsein hängt in dem Fall direkt mit den Erreichen deines Ziel zusammen.

Z. B.

„Wenn ich CEO werde... bin ich erfolgreich, habe ich es geschafft, bin ich stolz auf mich.

Du erkennst das Problem. Solltest du dieses Ziel nicht erreichen, geht damit auch dein Selbstbewusstsein flöten.

„Ich bin schlecht, die anderen sind besser, war ja logisch, deswegen mache ich nichts mehr...".
Kein Ergebnis, das wir wollen, oder?
Für ein gesundes Selbstkonzept (Selbstbewusstsein, Selbstvertrauen und Selbstwert) ist es wichtig, dass diese Anteile nicht an äußere Faktoren gebunden sind.

*Beispiel: Wenn du nur **so schnell wie möglich** aus dem Schlammloch rauskommen möchtest, ohne zu verstehen und zu lernen, wie es dazu kommen konnte* *und was beim nächsten mal besser laufen sollte, steckst du bald wieder fest.*

Lernziele werden motiviert von dem Wunsch, Neues zu erlernen und zu entdecken. Bei dieser Zielsetzung vergleichst du dich mit dir selbst, nicht mit anderen.

Beispiel:
„Ich möchte eine kompetente Führungsperson werden und mich täglich weiterentwickeln.

Lernziele setzen heißt, Durchhaltevermögen stärken. Schwierigkeiten können durch eigene Anstrengung und Fokus überwunden werden. Wenn du anfängst, dich mit dir selbst, statt mit anderen zu vergleichen, siehst du endlich deinen Wert, deine Fortschritte und bald auch das enorme Potenzial, das sich daraus ergibt.

Eine Kombination aus beidem kann unschlagbar sein!

Für eine gesunde, persönliche Motivation, frag dich vor jedem Ziel:

- Was ist mein Lernziel?
- Was ist mein Leistungsziel?

5. EINFACH MACHEN
NEUER WEG ODER ALTE ROUTE?

Bevor du jetzt unüberlegt weiterfährst, ist manchmal die Frage: Wähle ich eine ganz neue Straße, schlage ich einen ganz neuen Weg ein oder wähle ich die alte Route unter reflektierten Vorüberlegungen zu befahren?

Nach all diesen Erlebnissen und Erfahrungen ist es vielleicht Zeit für eine neue Route. Zeit abzubiegen und einen neuen Weg zu gehen.

Ich habe dich am Anfang gefragt, ob du dieses Gefühl kennst, irgendwie bereit für was Neues zu sein, aber noch nicht zu wissen, wie.

Wenn du diese Frage mit einem **tiefen, inneren Ja** beantwortest, hast du jetzt nicht nur alles, was du brauchst, um wieder in Bewegung zu kommen, sondern – **ab heute!** – auch die Möglichkeit, auf eine ganz neue Straße abzubiegen.

Feststecken ist Murks. Da sind wir uns einig. Es passiert jedoch immer mal wieder. Sich darüber zu ärgern hilft nix. Damit umgehen zu lernen und zu einer Abenteurerin auf den Off-Road-Straßen des Lebens zu werden, die weiß, wie sie Lösungen findet, hilft schon mehr.

Jedes Mal kannst du selbst entscheiden, was du aus dem Regen, der auf dich niederprasselt oder der Einöde, in der du vor Langeweile im Sandsturm zu ersticken drohst, machst.

Wenn sich dein persönliches Schlammloch irgendwie bekannt anfühlt, ist es Zeit, den neuen Weg, statt der alten Route, einzuschlagen.

Du kennst jetzt meine afrikanische Power-Punch-Methode für deine ganz persönliche Safari. Ich habe sie viele Jahre erprobt und gebe sie heute erfolgreich und von Herzen weiter.

Es ist dein Leben. In deinem Umfeld wird es viele Menschen geben, die versuchen werden, dich zurückzuhalten. Sie mögen dich so, wie du bist. Deine Bereitschaft zur Veränderung könnte ihnen Angst machen und ihnen ihre eigene Einöde zeigen. Es ist ok, andere zu enttäuschen. Das gehört manchmal dazu.

Leg den Perfektionismus zur Seite. Darauf kommt es in diesem Abenteuer Leben wirklich nicht an. Scheiß auf die Meinung der Anderen. Jeden Tag ein bisschen mehr. Hör nicht auf Neider und Hater. Hör auf die, die deine Karre mit dir aus dem Dreck ziehen und dich neu betanken, wenn es nötig ist. Nimm konstruktives Feedback an und lass die negativen Kommentare einfach vorbeifahren. Wink mit Freude hinterher.

Hass kommt immer von Unten. Wenn überhaupt was kommt. Die meisten Menschen sind nämlich viel zu beschäftigt mit sich selbst.

Finally: Warte nicht auf den perfekten Moment, um auf diese Reise zu gehen. Du wirst feststellen, dass der „richtige Moment" erst da ist, wenn du schon unterwegs bist. Weil du ihn dir selbst kreierst. Im Kleinen und im Großen.
So mächtig bist du.

Warte nicht darauf, dass du 100 % glaubst, dass du es kannst, dass du bereit bist, dass du jetzt „ausgelernt hast".

Alles, was du für dein eigenes Abenteuer brauchst, ist schon in dir verankert.

Du bist stark, mutig und wundervoll, so wie du bist. Mit all deinen vermeintlichen Schwächen und Stärken kannst und wirst du selbstbewusst dein Auto steuern.

Mit diesem Buch hast du die Fahrtechnik dafür gelernt.

Ja – es wird irgendwann mal wieder regnen.

Ja – du wirst wieder mal stecken bleiben.

Und das ist okay! Du bist nicht allein auf dieser Reise unterwegs und am Ende kannst du stolz zurückblicken und sagen: Bin ich froh, dass ich diese Straße gefahren bin. Freu dich drauf.

Deine Zeit ist jetzt.

 Gib Gas.

Wenn du jemanden brauchst, der dich zieht, bin ich gerne für dich da.

www.simone-zander.com

Danke!

Dass du dieses Buch in den Händen hältst verdanke ich einer Frau, die vom ersten Coaching Moment an, an mich und dieses Projekt geglaubt hat, bevor ich es mir selbst überhaupt vorstellen konnte. Liebe Carola, die rede ist von Dir! Deine Fragen, deine Geduld, dein Wissen und dein Herz sind unbezahlbar und ich bin dir aus tiefsten Herzen dankbar, dass du mich begleitet hast. Du bist die Beste!

Liebe Mama und Papa, ohne euren Mut, Glauben und Vertrauen, wäre mein Leben nicht so abenteuerreich und lustig geworden. Danke, für die Liebe, die Stärke und den Humor, die ihr mir mit auf den Weg gegeben habt.

Danke, an mein großartiges Team. Ohne euch, wäre das hier alles nicht möglich.

Mehr von Simone Zander:

Rein ins Abenteuerleben.

Selbstbewusstsein als Lebenseinstellung.

Potentialentfaltung für die Erfüllung deiner

Vision.

Dafür steht Simone Zander – als erfolgreiche Unternehmerin, Top- Coach und professionelle Speakerin.

Nichts im Leben passiert bekanntlich ohne Grund, auch nicht, dass Du hier bei mir gelandet bist.

Du bist eine **High Level Frau**?

Möchtest als **Speakerin auf die Bühne** und dich mit anderen tollen Frauen verbinden und gemeinsam strahlen?

Oder wünscht dir endlich das Leben deiner Träume und Visionen leben zu können? Und all das in der Balance zwischen Power und Leichtigkeit?

Du suchst eine Speakerin, die die Teilnehmer nicht nur wach rüttelt, sondern auch einen direkten Input zum Handeln liefert?

Dann bist Du hier genau richtig. Simones Vision ist es, Frauen und auch Männern, zu zeigen, dass sie mit dem richtigen Mindset und der nötigen Power, ihr Leben selbst in die Hand nehmen können und es an einer Kreuzung niemals nur den altbekannten und schon längst eingefahrenen Weg gibt, sondern es auch immer die Option eines Lebens voller Potential, Freude, Erfolg und Fülle gibt. Es braucht Mut & Kontrolle und genau das lernst du hier.

Als Speakerin ist Simone mit ihrer leidenschaftlichen und humorvollen Art eine echte Bereicherung für jede Veranstaltung. Sie schafft es mit ihrer einzigartigen Afrika-Geschichte das Publikum in ihren Bann zu ziehen und den direkten Mehrwert im Hier & Jetzt zu erschaffen.

Lass Dich von Simones Podcast inspirieren:

ERWECKE DIE LÖWIN IN DIR

Der Podcast landetet in den Top 5 der iTunes Charts in der Kategorie Gesundheit & Fitness und inspiriert durch spannende Gäste und Impulse rund um die Themen: Female Empowerment und Selbstbewusstsein.

Du bist eine High Level Frau und sagst

„JA - ICH TRAU MICH!"
ALL IN & Let´s go!

Bewirb Dich für das 1-1 Programm oder für die 10 Wochen Masterclass auf www.simone-zander.com

Sie möchten Simone als Speakerin buchen?
Speaker-Anfragen an: office@simone-zander.com

Das Workbook zum Buch

Steckst du gerade fest?
Dann ist dieses Arbeitsheft
genau das richtige für dich.

Mit den Übungen in meinem Workbook zeige ich dir wie du wieder neuen Schwung bekommst – um selbstbewusst und selbstbestimmt deine eigene Geschichte umzuschreiben.

Dieses Workbook ist perfekt auf mein Buch abgestimmt, denn Du findest zu den verschiedenen Teilen hier alle Übungen, Reflexionsarbeiten und Learnings, die du brauchst, um ein für alle Mal Vollgas geben zu können.

Download hier: www.simone-zander.com

Verwendete Literatur

Stangl, W. (2020). Stichwort: 'Hindsight-Bias'. Online Lexikon für Psychologie und Pädagogik.
WWW: https://lexikon.stangl.eu/3647/hindsight-bias/ (2020-05-06)

Bleidorn, W., Arslan, R. C., Denissen, J. J., Rentfrow, P. J., Gebauer, J. E., Potter, J., & Gosling, S. D. (2016). Age and gender differences in self-esteem—A cross-cultural window. Journal of personality and social psychology, 111(3), 396.

Mienert, M. & Pitcher, S. (2011). Individuelle Interessen – Die Zielorientierung und Motive von Lernenden. In M. Mienert & S. Pitcher, Pädagogische Psychologie (S. 53 – 67, bis S. 62). Wiesbaden: VS Verlag.

Köller, O. & Schiefele, U. (2006). Zielorientierung. In D. H. Rost (Hrsg.), Handwörterbuch Pädagogische Psychologie (S. 880-886). Weinheim: Beltz.

Mueller, C, M. & Dweck, C. S., (1998). Praise for Intelligence Can Undermine Children's Motivation and Performance. Journal of Personality and Social Psychology, Vol. 75. 33-52

Daniel, K. (2017). Thinking, fast and slow.